Médium

Incorporação não é Possessão

Alexândre Cumino

Médium

Incorporação não é Possessão

MADRAS

© 2025, Madras Editora Ltda.

Editor:
Wagner Veneziani Costa

Produção e Capa:
Equipe Técnica Madras

Revisão:
Arlete Genari
Ana Paula Luccisano
Neuza Alves

Dados Internacionais de Catalogação na Publicação (CIP)
(Câmara Brasileira do Livro, SP, Brasil)

Cumino, Alexândre
Médium: incorporação não é possessão/
Alexandre Cumino. – São Paulo: Madras, 2025.
11 ed

ISBN 978-85-370-0964-2

   1. Espiritualidade 2. Mediunidade 3. Umbanda (Culto)
4. Umbanda (Culto) – Filosofia I. Título.

15-04443   CDD-299.60981

   Índices para catálogo sistemático:
   1. Umbanda: Religiões afro-brasileiras   299.60981

É proibida a reprodução total ou parcial desta obra, de qualquer forma ou por qualquer meio eletrônico, mecânico, inclusive por meio de processos xerográficos, incluindo ainda o uso da internet, sem a permissão expressa da Madras Editora, na pessoa de seu editor (Lei nº 9.610, de 19/2/1998).

Todos os direitos desta edição reservados pela

MADRAS EDITORA LTDA.
Rua Paulo Gonçalves, 88 – Santana
CEP: 02403-020 – São Paulo/SP
Tel.: (11) 2281-5555 – (11) 98128-7754
www.madras.com.br

· · · · · · · · · · · ·

Dedico este livro à memória de meu Mestre Rubens Saraceni, criador dos cursos livres de "Teologia de Umbanda Sagrada", "Sacerdócio de Umbanda Sagrada" e "Desenvolvimento Mediúnico de Incorporação na Umbanda Sagrada". Foi o idealizador do conceito e método para uma Escola de Desenvolvimento Mediúnico Umbandista, presente nos Colégios de Umbanda Sagrada. Por meio de sua obra literária, com mais de 50 títulos publicados, e por seu trabalho mediúnico, sacerdotal, mudou a cara da Umbanda, tal qual nós a conhecemos hoje. Rubens Saraceni abriu caminho para o estudo e a formação de milhares de médiuns e sacerdotes de Umbanda Sagrada e a nós, seus filhos e discípulos, ficam uma gratidão e saudade sem fim.

"Desenvolver a mediunidade não significa dar algo a quem não está habilitado a recebê-lo, mas habilitar alguém a assumir conscientemente o dom com o qual foi ungido. Ao contrário do que apregoam, mediunidade não é punição, e sim benção divina, concedida ao espírito no momento em que encarna."

Rubens Saraceni – *Código de Umbanda*, Madras Editora, 2006, p. 87

"A um médium é solicitado que conheça o mínimo indispensável para que possa realizar as práticas de Umbanda e seus rituais. Também é exigido que estude um pouco, porque só assim entenderá tudo o que acontece dentro de um templo de Umbanda durante as giras de trabalho."

Rubens Saraceni – *Código de Umbanda*, Madras Editora, 2006, p. 79

"Muita gente diz que a mediunidade é uma missão bonita, mas dizem também que, se você não cumprir essa missão, será punido. Mas, se a mediunidade é uma missão bonita, então não pode haver punição para quem não praticá-la."

Rubens Saraceni – *Fundamentos Doutrinários de Umbanda*, Madras Editora, 2012, p. 171

Índice

Prefácio à Sétima Edição 11
Prefácio 15
Introdução 19
"Quem Não Vem Pelo Amor, Vem Pela Dor" 25
Quem Vem Pelo Amor! 29
Meu Desenvolvimento Mediúnico 33
Reflexões sobre a Mediunidade 37
Tipos de Mediunidade 41
Incorporação não é Possessão 45
Incorporação é Parceria 49
Incorporação: Consciente ou Inconsciente 53
Sintomas da Mediunidade de Incorporação 59
Por que o Médium de Incorporação Passa tão Mal? 63
Mitos sobre a Incorporação na Umbanda 69
Por que Desenvolver a Incorporação na Umbanda? 73
Desenvolvimento e Educação Mediúnica 77
Onde Desenvolver a Incorporação na Umbanda? 81
Desenvolvimento do Veículo Mediúnico 87
Incorporação: Dificuldades no Desenvolvimento 91
Incorporação: Insegurança e Conflitos 95
Incorporação: Desequilíbrios e Vícios Comportamentais 99

Sou Eu ou é o Guia? 103
Incorporação: Esteja Consciente! 107
Incorporação do Bem ou do Mal? 111
Mediunidade, Incorporação e Meditação 113
O Giro no Desenvolvimento Mediúnico 119
Incorporação: o Transe Mediúnico e a Música 123
Relação entre Doutrina e Incorporação na Umbanda 141
Ética, Moral e Doutrina Umbandista 145
Mestre e Desenvolvimento na Umbanda 151
Como "Desligar-se" de um Templo? 153
Umbanda no Lar – Incorporação Umbandista em Casa 163
Compromisso Mediúnico 167
Incorporação e Desdobramento Astral 169
Incorporação na Umbanda: Novas Experiências, Energias,
Vibrações e Arquétipos 171
Incorporação: Transe Mediúnico, Estado Xamânico, Êxtase
Religioso e Experiência Mística 175
Incorporação: Qual é o Objetivo da Umbanda? 185
Você Tem um "Rótulo" Religioso? 189
Bibliografia 192

Prefácio à Sétima Edição

Seis anos após a publicação deste livro, vamos para sua sétima edição, praticamente uma por ano. É uma alegria ver que, após sete anos, ele continua atual, lido e procurado por quem quer e precisa entender mediunidade de incorporação na Umbanda.

Vamos desmistificar e desmitificar "mistérios" inexistentes, mitos, tabus, cânones e dogmas criados em torno do fenômeno do transe, mediunidade de incorporação na Umbanda.

São textos escritos ao longo de 20 anos de experiências mediúnicas de transe, em desenvolvimento constante da minha própria mediunidade de incorporação, orientando milhares de outros médiuns no seu desenvolvimento, observando características desse fenômeno no ser humano e refletindo sobre as principais dúvidas, dificuldades e bloqueios.

Esta obra é um verdadeiro manual de incorporação e desenvolvimento mediúnico, que eu gostaria de ter lido quando iniciei na Umbanda.

Muitas outras reflexões e descobertas vieram à tona no meu ser, como a convicção de que incorporação não é algo que um tem e outro não. Incorporação é algo que um consegue viver, despertar, abrir-se e outro não consegue por conta de bloqueios emocionais, racionais, espirituais, sistêmicos e até por crenças limitantes do que acredita que pode ou não realizar.

Sim, todos são médiuns, mas nem todos incorporam, por inúmeras questões descritas neste livro.

Se você está na "sofrência" querendo entender sua mediunidade de incorporação, seu desenvolvimento, desbloquear o dom, tornar mais leve esta relação, ótimo, tem aqui uma chave de acesso e é uma cura para muitas dores da alma.

Se você já tem uma mediunidade de incorporação bem "desenvolvida", este livro é uma bênção e vai lhe ajudar a colocar em palavras muitas experiências que você sente, mas tem dificuldade em racionalizar.

A Umbanda está no centro de uma encruzilhada de saberes e conhecimentos pluriversais e multiculturais, num atravessamento de diversas etnias: africanas, ameríndias e europeias.

Ninguém dá conta de saber tudo, mas a troca constante desses saberes e sabores, aromas e perfumes, para a alma, consistem em frescor e leveza com revisão constante de valores e conceitos. Estamos sempre abertos a novos olhares e novas realidades.

A única coisa certa é a incerteza, a única permanência é impermanência. Incorporação é porta aberta a outras realidades. Essa porta só se abre por dentro, de forma consciente ou inconsciente é você quem está se abrindo ou não.

Só vivemos o que estamos abertos a experienciar, o que chega para nós vem com a força e a potência de novos aprendizados, sempre.

Resta nos perguntar, o que aprendo com isso?

Para quem ainda sente dores no corpo ou desconfortos durante e após a incorporação, observe seus conflitos emocionais e o choque de suas crenças limitantes, valores, ansiedade e autojulgamento; daí vem a tensão de uma incorporação suada, cansada, em meio a conflitos desnecessários.

A ideia e a construção do conceito "mediunidade" estão profundamente arraigadas na filosofia racional intelectual espírita cristã ocidental, enquanto a experiência de incorporar é marca poética emocional visceral forte e presente nas tradições africanas e ameríndias. Só isto já basta para criar muitos conflitos entre teoria e prática, entre o que se imagina e aquilo que se experiencia.

Muito mais que dar comunicação mediúnica, psicofonia ou fala mediúnica, a incorporação é um processo de transe, de atravessamento, em que o médium encarna em todo o seu ser a presença física do ser que se manifesta por seu intermédio.

Na incorporação todo o corpo fala, não apenas a boca. Olhar, sorriso, choro, tom de voz, gesto, postura, ritmo de movimentos, tudo no corpo fala e acolhe, comunica, transmite; relaciona-se a três: médium, entidade e consulente.

Por isso, também, muitas vezes um simples abraço, um único olhar, um gesto de mão ou do corpo já representa uma cura para a alma ou uma compreensão que está além das palavras.

Para além de tudo isso, os guias de Umbanda chamam você para algo muito íntimo, o recebem como quem recebe uma visita, puxa um banquinho, lhe oferece café, come um bolo de fubá com você e silencia a mente entre uma baforada e outra de cachimbo ou charuto.

Imediatamente você se sente acolhido ou acolhida, na intimidade do outro, a identificação e vínculo de gratidão que se estabelece é imediato. Caem por terra as barreiras, nasce uma confiança muito rápida; pronto, você se "desarma" e abre coração e alma. Brota uma relação de alma para alma.

Por isso a responsabilidade é enorme e encontra leveza apenas na intenção inquebrantável de fazer o bem aliada aos saberes do além.

Na dúvida, não faça nada. Diante da fragilidade alheia apenas acolha; uma palavra certa dá a vida, uma palavra errada coloca tudo a perder, então apenas acolha, mas comece acolhendo a si mesmo e lembre-se que na incorporação você é sempre a primeira pessoa beneficiada. Antes de acolher aos outros, "seu" guia acolheu a você ao incorporar, e a única razão para isso acontecer é AMOR.

A construção desse espaço-terreiro, onde cada um de nós é um templo vivo, cada um de nós é um terreiro, explica-se e traz fundamentos que vão da magia dos elementos até a construção afetiva desse ambiente de acolhimento.

Tudo tem uma razão de ser, tudo tem um fundamento. Por isso se diz "Umbanda tem fundamento, é preciso preparar"; preparar os médiuns. O que segue nas próximas páginas é uma espécie de manual de uso, para o médium-terreiro, templo vivo de sua espiritualidade.

Aqui está um pouquinho de mim, onde doei tempo e alma para que tudo isso pudesse chegar a você; caridade é amor, é doação de si além do julgamento alheio. Missão é apenas onde está seu coração. Todos temos livre-arbítrio, ninguém é obrigado a "ser médium", "incorporar" ou "trabalhar pela caridade"; tudo na vida é escolha consciente ou inconsciente.

Incorporação é relacionamento com sua família de alma, viva isso com a liberdade de ser quem você é, descubra a sua verdade, busque autonomia espiritual, dê de si apenas o que você pode e o que for saudável. Não se cobre por isso, busque o equilíbrio e a harmonia de ser feliz e estar em paz consigo mesmo e com sua verdade.

Boa Jornada, Axé, Saravá, Mojubá!
Alexândre Cumino

Prefácio

A primeira vez que se adentra um templo de Umbanda é certamente uma das experiências mais marcantes e, portanto, inesquecíveis para o indivíduo. Penso que por muitos motivos somos levados a momentos de embriaguez sensorial, pois um templo de Umbanda é carregado de informações, vejamos: altar normalmente cheio de imagens de santos católicos, entidades, anjos, orixás e possivelmente referências da religiosidade asiática; ainda encontramos muitos elementos, como bebidas, velas e incenso. Temos a defumação proporcionando fumaça e aroma, a curimba dando ritmo, vibração e sonorização àquele momento. Pessoas uniformizadas, de branco, gingando o corpo, batendo palma e cantando; nas paredes é comum que se encontre quadros com referências religiosas e mensagens de fé e, por todo canto que se olhe, é possível observar símbolos, elementos e velas pelo ambiente. Embora todo este conjunto já proporcione intensidade informativa, penso que o ápice e o mais incrível momento é quando você se vê diante de uma entidade incorporada, pronta para interagir, prosear com você e benzê-lo.

É profundamente especial, pois você sente, e com razão, que está falando com Deus por meio desta entidade que por sua vez fala pelo médium. É curioso que normalmente nem nos damos conta de que há ali outro alguém, um terceiro elemento, uma pessoa comum, ou seja, o médium. Isso se deve pela peculiaridade que é a manifestação de espíritos na Umbanda, pois ali o fenômeno mediúnico comum é a Incorporação, que não é corriqueira em outros ambientes. A Incorporação é algo incrível, pois é a única maneira pela qual um espírito tem a possibilidade de imprimir suas particularidades, trejeitos, voz e movimentos. Na Incorporação é comum que o leigo imagine que esteja ocorrendo uma espécie de possessão ou algo do gênero, como no filme *Ghost*, e também é comum que muitos médiuns desinformados esperem que isso ocorra com eles. E, claro, tudo é mera fantasia do desconhecimento.

A Umbanda é uma religião mediúnica, ou seja, ela surge, se desenvolve e se mantém especificamente pela mediunidade. Logo, sem mediunidade não existe Umbanda no sentido prático e litúrgico, sem a atividade mediúnica existe apenas uma ideia, a filosofia de Umbanda.

Mesmo assim, por incrível que pareça, por muito tempo os sacerdotes e escritores da religião não se preocuparam em aprofundar o entendimento sobre o tema considerando que muito já tinha sido escrito, divulgado e ensinado sobre a mediunidade pelos nossos irmãos espíritas, e que bastava acessar os estudos espíritas sobre mediunidade que as dúvidas do umbandista seriam sanadas.

Neste ponto, cabe uma reflexão sempre necessária ao umbandista, que teima buscar entender sua religião e tudo o que a envolve em outras religiões e fontes sem entender previamente que o fato de a Umbanda ser uma religião inclusiva, aberta e em constante desenvolvimento não faz dela uma mera colcha de retalhos. A Umbanda não é um simples mosaico de fragmentos jogados e perdidos, ela está absolutamente acima desta percepção, comecemos então a percebê-la como genuína e tudo o que ela inclui em si é para ser reinterpretado, reinventado e recompreendido numa perspectiva nova, atualizada, moderna e, portanto, umbandista.

Assim, a mediunidade como é vivenciada, praticada e desdobrada em ambiente de terreiro, na vibração da Umbanda, sob a égide de Orixás e Guias de Umbanda, não é em nada parecida com a que ocorre nos centros espíritas, portanto, precisa ser estudada, investigada e compreendida à luz da Umbanda.

Denomino isso como Mediunidade de Umbanda ou Mediunismo de Terreiro.

Na Umbanda, o tipo de mediunidade primeira e intrínseca é a Incorporação. Felizmente, estamos vivendo uma nova era em nossa religião e podemos contar com dedicados pesquisadores e pensadores da Umbanda, tal como nosso irmão, amigo e mestre Pai Alexândre Cumino, que agora presenteia todos nós com mais esta pérola, esta obra que vem descortinar dúvidas comuns somente a nós, filhos de Umbanda, que trata de receios, medos, frustrações, cutuca tabus e dissipa mitos acerca da mediunidade de Incorporação em nossa religião.

Ao estudar a Incorporação, você acessa toda a fonte da mística de Umbanda, e Pai Alexândre Cumino, depois de 20 anos desenvolvendo a mediunidade de pessoas e ajudando-as a aprender a lidar com os desafios psíquicos, emocionais e espirituais que a vida mediúnica impõe, eterniza nesta obra um precedente mais do que esperado a todos nós: tratando-se de mediunidade na Umbanda há muito o que explorar, pesquisar e compreender. Que este livro seja um ponto de partida que venha colaborar em uma mudança de panorama da nossa realidade mediúnica na Umbanda.

Sugiro que, para prosseguir com sua leitura, dispa-se de suas verdades absolutas, esvazie o copo, abafe o ego e repense, se for o caso, sua vida mediúnica até aqui.

Obrigado meu irmão Alexândre Cumino, a Umbanda há de ser sempre muito grata por esta inestimável colaboração!

Oxalá nos guie e ilumine!

Pai Rodrigo Queiroz,
Sacerdote de Umbanda,
responsável pelo Instituto Cultural Aruanda
e Diretor do Umbanda EAD
(www.umbandaead.com.br)

Introdução

Educação, Cultura e Desenvolvimento Mediúnico

Umbanda é, ao mesmo tempo, o Mistério Fascinante e Terrível do qual fala Rudolf Otto.[1] Umbanda faz o mundo mais colorido e nos inspira a arte e a beleza no mundo externo e no mundo interno, com a lapidação do ser humano que passa a querer mais de si mesmo e da vida. Com sua diversidade infinita de recursos a serem explorados, sem dogmas, tabus ou preconceitos, não é difícil se apaixonar pela Umbanda. No entanto, do ponto de vista religioso e espiritual, Umbanda é um universo diferente das outras religiões e filosofias, embora guarde semelhanças.

A maioria das religiões convida-o para aceitar seus dogmas e suas verdades de fé. Na grande maioria delas, os religiosos são pessoas passivas que participam metódica e mecanicamente de um ritual, do qual desconhecem seu fundamento mais interno. Em muitas delas, o que se apresenta é um texto sagrado para que a pessoa leia e aceite a interpretação de seu interlocutor. O "fiel" adepto ou praticante deve adotar aquelas verdades como suas, decorar algumas sentenças e textos e repeti-los como verdades absolutas para justificar sua crença, seus valores e seu comportamento.

---

1. Rudolf Otto foi um teólogo alemão, referência de renome internacional e autor da obra *O Sagrado* considerada muito importante para os estudos e a compreensão das Ciências da Religião e Teologia Comparada.

A Umbanda convida-o a viver e experimentar o sagrado, no entanto, para entender o que se passa, é preciso estudar e viver esta experiência. É necessário estar aberto para aprender coisas novas e, o mais difícil, desaprender coisas velhas. Desaprender é desapegar-se, libertar-se, permitir-se um novo olhar, um novo sentido, uma nova mente vibrando na mesma cabeça. Você não precisa engolir verdades alheias nem passar por lavagem cerebral, mas deve descobrir por si mesmo que existem muitas verdades e que várias delas não se expressam por palavras. Nem tudo é racional, nem tudo tem de ser explicado, mas tudo deve ser vivido, saboreado e sentido. Neste ponto, a Umbanda é única e nos envolve por todos os sentidos, por meio dos aromas do "defumador", do som dos "pontos cantados" e atabaques, da visão do Templo, do sabor do café, da água, champanhe ou "marafo", da oportunidade de ser tocado pelo sagrado e claro pelo sentimento de transcendência, por sentir no mais profundo de sua alma.

"Esvaziar o Copo"

Há uma história zen que narra a visita de um professor, filósofo, a um Mestre Zen. O seu propósito era aprender algo com aquele Mestre, que lhe oferece uma xícara de chá. Enquanto o Mestre prepara e serve o chá, o erudito intelectual não para de falar, pensar e comparar, como é de costume na tradição ocidental. O Mestre enche a xícara de chá, que está agora segura na mão do professor, e continua colocando mais e mais chá, que começa a transbordar e cair no chão. O filósofo questiona-o sobre que está fazendo e pensa que esse homem deve estar louco – "não percebe que a xícara está cheia"? –, então o Mestre apenas ri e lhe diz: "Se quer receber algo novo, primeiro precisa esvaziar o copo".

Esvaziar o copo é esvaziar-se, aprender a não comparar o novo com o velho, desaprender o que não lhe serve mais, desapegar do conhecido para receber algo novo. Quando estamos segurando algo com as mãos, elas estão fechadas e impossibilitadas de pegar outras coisas, assim como um cachorro que, ao terminar de comer a carne, fica apegado ao osso e não o larga por nada, nem por um novo pedaço de carne. Da mesma forma, um homem que precisa atravessar um rio constrói uma balsa e, ao chegar à outra margem, em vez de abandonar a balsa passa a carregá-la consigo, um peso inútil, simplesmente porque um dia lhe teve serventia. Neste processo de vida e aprendizado vamos criando condicionamentos, automatismo e vícios. Podemos dar como exemplo ainda os estudiosos de textos considerados sagrados que os tornam sua doutrina e passam a vivê-los como dogma de verdade incontestável, passam a ter vaidade e apego por esse conhecimento, arvorando-se a julgar os outros que não pautam sua vida pelo mesmo texto. Conseguem medir sua vida por meio de um texto, sua vida tem uma medida certa, são medianos e medíocres (aqueles que não passam de uma medida). Chegam ainda a usar um silogismo como argumento de racionalidade: "Deus é infalível, a Bíblia é a palavra de Deus, logo a Bíblia é infalível". Não conseguem enxergar ou acreditar em outro argumento, como: "O homem é falível, a Bíblia foi escrita por homens, logo a Bíblia é falível". Tudo é uma questão de ponto de vista e de apego a este ou aquele ponto de vista.

Ao chegar à Umbanda, existe uma nova cultura a ser aprendida, uma nova forma de ver a vida. No entanto, muitos que chegam à Umbanda se dizem umbandistas e continuam católicos ou espíritas; em sua maioria, não abandonam suas velhas crenças. Não aprenderam a desaprender, são apegados procurando um novo apego sem desapegar do que já não lhes serve mais. Comportam-se como o homem mencionado que carrega a balsa inútil nas costas pelo resto da vida, simplesmente porque um dia ela lhe foi útil.

Não basta desenvolver sua mediunidade, é preciso esvaziar o copo, desaprender valores que não lhe servem mais, abandonar vícios e condicionamentos e abrir-se ao novo. Não basta desenvolver a mediunidade; é preciso desenvolver um novo olhar, uma nova cultura, um novo jeito de ser, uma nova forma de encarar a vida. Saia da superficialidade, mergulhe na Umbanda ao mesmo tempo que mergulha em si mesmo. Não mude hábitos, costumes e comportamentos; mude o seu ser, aceite e entenda que somos, todos nós, uma eterna e constante mudança.

"Não é Possível Entrar Duas Vezes no Mesmo Rio" – Heráclito

Somos impermanência, somos como um rio, nunca se está em contato com a mesma água. Não somos hoje a mesma pessoa de ontem, nem a mesma de amanhã. As experiências vividas nos transformam constantemente e a única forma de aceitar essa transformação é aprender a desaprender, desapegar-se, seguir o curso do rio. Não lute contra a vida, aprenda com todas as situações dela. Esvazie seu copo e aprenda com a Umbanda. Umbanda é como a água que se adapta em qualquer recipiente, que se você tenta prender, ela lhe escapa por entre os dedos; é como a água mole em pedra dura (tanto bate até que fura), como as águas de um rio, nunca são as mesmas.

Permita-se viver isso, com amor; siga seu coração e descubra o sentido da palavra coragem. Tenha a coragem de viver algo novo, de buscar sua verdade, de não apenas desenvolver sua mediunidade, tenha a coragem de aprender e viver uma nova cultura. Desenvolva novos conhecimentos, novos saberes, redescubra a si mesmo e a vida. Observe que não adianta esperar que a vida mude, é você quem deve mudar primeiro, e então, ao olhar para a vida, uma vida diferente lhe será mostrada. Aprenda com a Umbanda, aprenda uma linguagem especial que fala aos nossos corações e ensine a todos que estão à sua volta, sem a intenção de ensinar nada a ninguém. Apenas seja você mesmo e o ensinamento acontece; encontre um sentido para sua vida, sinta que está vivo, encontre sua verdade, viva sua verdade, seja feliz e aprenda a arte de ensinar sem a necessidade das palavras.

Este é um convite para compreender melhor o que vem a ser a mediunidade de incorporação e seu desenvolvimento.

Agora, já depois de quase 20 anos ajudando outros médiuns a desenvolver sua mediunidade de incorporação, é que este material se concretiza. Boa parte dos textos aqui foi escrita ao longo de anos, sem pressa ou outro interesse além de ajudar a quem procura entendimento e desenvolvimento para sua mediunidade de incorporação. Alguns destes textos já foram publicados no *Jornal de Umbanda Sagrada* e todos eles já foram lidos e relidos por centenas de médiuns em busca do saber mediúnico umbandista.

Neste momento é bom lembrar que mediunidade não se desenvolve de forma isolada, e sim de forma agregada a seus valores e conhecimentos adquiridos; assim, todo desenvolvimento mediúnico deve ser também uma forma de desenvolvimento cultural e educacional. Cultural para que se tome consciência da importância do estudo e da cultura umbandista, e educacional pelo fato de que o médium deve educar a si mesmo e à sua mediunidade no contexto em que ela vai se manifestar.

Aprender o novo e desaprender o velho, manter o que lhe serve e descartar o que já não lhe serve mais, aproveitar ao máximo toda oportunidade de estar junto a seus mestres espirituais e valorizar a Umbanda como ambiente saudável para que tudo isso se realize é o que desejo a todos os meus iguais e irmãos na Umbanda.

Alexândre Cumino

"Quem não Vem pelo Amor, Vem pela Dor"

Esta é uma das frases mais ouvidas dentro de um Templo de Umbanda, no entanto, poucos conseguem entender sua profundidade.

"Vir pelo amor" é fácil de entender: vêm pelo amor para a Umbanda todos aqueles que se apaixonam pela Umbanda, que se encantam pela religião, que se identificam de imediato e sem a necessidade de nenhuma explicação racional, simplesmente querem ser e estar na Umbanda. Não é difícil se encantar pela Umbanda, ela é algo fascinante para a maioria dos praticantes. Sagrada e divina, é, ao mesmo tempo, ciência e magia, religião e espiritualidade, mediunidade e xamanismo, experiência e filosofia, mística e ritual, natural e humana, selvagem e urbana, arte e amor, tudo isso e muito, mas, muuuito mais ao mesmo tempo.

"Vir pela dor" já é algo que merece uma melhor reflexão: vêm pela dor aqueles que buscam um sentido para a vida, aqueles que estão vivendo um vazio existencial; vêm pela dor tantos que procuram a cura para suas dores físicas, morais, emocionais e espirituais. Chegam à Umbanda todos os dias pessoas que já procuraram a solução para seus mais diversos problemas em todos os outros lugares: em médicos, psicólogos, terapeutas, padres, pastores, xamãs, benzedores, cartomantes, etc. E muitas vezes a Umbanda mostra apenas que a solução ou a cura é algo que está dentro de você e que não adianta continuar procurando fora o que está no interior. Muitas vezes essa dor é a falta de conhecimento ou de habilidade para lidar com sua mediunidade!

A Umbanda nasce da experiência religiosa, mística e mediúnica de Zélio de Moraes. Vivendo com dores, desequilíbrios emocionais e "ataques", Zélio foi levado ao médico, ao padre, à benzedeira e a um centro espírita. O que ele tinha pode ser chamado de "doença xamânica", ou simplesmente mediunidade mal trabalhada, claro, pois Zélio desconhecia sua própria mediunidade. Assim, a família chegou a pensar que ele poderia estar doente, louco, endemoniado, possuído, perturbado, magiado ou sofrendo de ataque espiritual. Sem saber do que se tratava, acabou por encontrar a solução na prática da mediunidade. Naquela época, pouco se conhecia do assunto. Quando perguntavam ao Pai de Zélio como ele aceitava esta prática em sua residência, ele respondia que preferia um filho médium a um filho louco. A exemplo de Zélio, muitos chegam à Umbanda com os mesmos sintomas e dificuldades.

"Você Precisa Desenvolver sua Mediunidade, Caso Contrário sua Vida não Vai Melhorar"

Esta também é uma frase muito ouvida dentro dos Templos de Umbanda e igualmente mal compreendida. Muitas vezes, quem ouve essa frase chega a pensar que essa mediunidade é uma maldição em sua vida, uma praga ou um "carma", enquanto a mediunidade é um dom e uma bênção desconhecida. É algo que o ser conquista ao longo de várias encarnações, e o problema na vida não é o "ter" a mediunidade e sim o "não saber" como lidar com ela. E, claro, a mediunidade pode ser trabalhada de diversas formas, em lugares e filosofias diferentes de acordo com sua afinidade, mas é comum que os afins se atraiam, e muitos que são afins com a Umbanda são atraídos para ela sem saberem que essa afinidade é algo real.

O sociólogo Roger Bastide em sua excelente obra, *O Sagrado Selvagem*, aborda a questão do transe de incorporação como algo ancestral que faz parte da natureza do ser humano e que se manifesta de forma bruta, por motivos e razões que o médium desconhece. O transe que chamamos de mediunidade de incorporação faz parte desse "sagrado selvagem". Ele explica que "selvagem é o que está fora de toda lei". Por "fora da lei" podemos entender: em desordem. Esse transe selvagem é uma manifestação de transcendência que acontece abruptamente na vida do ser e que pode e deve ser "domada". Na minha experiência, "nestes anos todos nesta empresa vital", sempre que um médium aparece com essas características, passando por experiência de transe bruto, não lapidado, entendo como um sinal visceral de um pedido de socorro que vem do fundo da alma da pessoa, de seu inconsciente procurando saídas e soluções para as dificuldades que esse médium está passando na vida. Quando a vida está ótima, dificilmente alguém passa por isso, a não ser que o queira ou deseje.

Nas tradições xamânicas esse estado de sagrado selvagem, o transe bruto, é entendido como "doença xamânica", em que o xamã precisa se "curar" ou ser "curado" por outro xamã.

Na Umbanda esse sagrado selvagem é visto como "mediunidade não trabalhada", e dizer "você é médium e precisa desenvolver" é a forma umbandista de lidar com essa questão. Cada tradição vai tratar de uma forma diferente. Isso fica bem claro na história do fundador da Umbanda, Zélio de Moraes, que tinha o que a família chamava de ataques. Ele foi levado ao médico, ao padre e a uma benzedeira, e seus ataques que incluíam comportamento estranho, dores e paralisias pelo corpo só tiveram fim depois de assumir sua mediunidade com o Caboclo das Sete Encruzilhadas, que se manifestou na recém-fundada Federação Espírita de Niterói.

O importante a saber é que, entre outras coisas, o ritual por si só domestica esse sagrado selvagem; ponto-chave na dissertação de Bastide, o ritual representa a Lei, a ordem, uma força para colocar cada coisa em seu lugar em sua vida. A partir do momento em que existe hora e lugar para extravasar essa mediunidade, o médium para de sofrer, não incorpora mais involuntariamente fora de hora, e com o entendimento do que é o dom mediúnico ele começa a entender e interagir com esse universo.

Geralmente este é o "caminho da dor", em que alguém sofre por ter mediunidade e não saber como lidar com ela. A Umbanda é um dos tantos caminhos para isso. O importante é encontrar um local, Templo de Umbanda, seguro, saudável, honesto e que você se sinta bem.

Quem Vem pelo Amor!

Muito se diz de quem vem pela dor e pouco se fala de quem vem pelo amor à Umbanda ou mesmo do que há de positivo na vida e missão mediúnica. O caminho do amor está cada vez mais presente na religião; é o caminho daqueles que não chegaram por uma necessidade, doença ou outros problemas. O caminho do amor é o daqueles que se encantaram pela Umbanda, daqueles que foram pegos pelo aroma do incenso, pelo toque do atabaque, pelo canto dos ogãs, pela humildade do Preto-Velho, a simplicidade do Caboclo, a inocência da Criança, a alegria dos Baianos, a força dos Boiadeiros, a coragem dos Marinheiros, a dança dos Ciganos, o jogo do Malandro, a segurança do Exu e o encanto da Pombagira.

O caminho do amor é daqueles que se encontram e se identificam com as práticas de magias, oferendas, velas, santos, orixás e ritual. No caminho do amor há uma paixão por tudo isso, existe um descobrimento de si mesmo neste mundo chamado Umbanda. Descobrir a si mesmo como alguém que pode viver sem dogmas, tabus ou preconceitos. Descobrir a si mesmo sem limitações de paradigmas retrógrados ou de conceitos como o pecado. A Umbanda permite uma vida em liberdade para ser você mesmo, sem ter de imitar alguém ou seguir padrões moralistas na tentativa de se tornar um santo.

A experiência de incorporar seus guias espirituais lhe permite conviver com verdadeiros mestres da vida que lhe conhecem melhor que você mesmo. Incorporar um guia e ter a oportunidade de ver o mundo por meio de seus olhos é algo incrível, uma experiência profunda em sua alma e visceral em seu corpo.

Roger Bastide e Pierre Verger costumavam dizer que a "baianinha" que de dia vende acarajé, à noite se torna uma rainha, se torna Oxum. O estivador que de dia trabalha no cais, à noite, por meio do transe, se torna um Rei, ele se torna Xangô. Mas isso não se dá apenas com a "baianinha" e o "estivador", também é um fato na vida do médico, do advogado, do pedreiro ou da dona de casa. E ainda, embora estes dois autores tenham se dedicado ao estudo do Candomblé e a outros Cultos de Nação ou Matriz Africana, podemos tranquilamente estender o seu conceito para a Umbanda e dizer que: de noite ou de dia, não importa o horário nem o lugar, os médiuns deixam de ser o ego, abandonam suas identidades do mundo profano, secular e material, para se tornarem caboclos, crianças e pretos-velhos, assumindo sua identidade no mundo sagrado, religioso e espiritual. É claro que não quero dizer que o médium se transforma no sentido de atuar como caboclo ou assumir múltiplas identidades e sim que esta experiência lhe permite sentir o mundo e sua realidade como se ele fosse a entidade que está ali e, ao mesmo tempo, independentemente do que acontece, os outros o veem se transformar nestas entidades, mestres e guias espirituais.

Muitos podem alcançar esta dimensão de transcendência, revivendo o mais antigo e ancestral dos fenômenos religiosos: o transe.

Hoje sabemos que mediunidade não é histeria, que o transe religioso não é fator de desequilíbrio e, sim, de sentido para a vida. Da mesma forma, o que era considerado "arcaico" e "primitivo" nas mais antigas e remotas religiões pode ser o que há de mais lindo, puro e fascinante dentro do contexto das experiências religiosas.

A Umbanda revive este êxtase religioso, o transe, o estado alterado de consciência, a experiência mística, dentro do que é simplificado e identificado como mediunidade de incorporação, de uma forma linda e encantadora.

O sagrado selvagem, arcaico e primitivo está domesticado pelo ritual para sobreviver no mundo urbano, mas ainda mantém o sentido de transcendência com o sagrado no momento em que o divino se manifesta de forma visceral. O médium precisa se perder de si mesmo para encontrar-se com o caboclo. Já não se sabe quem é quem, deve perder-se para ser encontrado por um preto-velho. Não existe mais o EU, deve-se matar o ego temporariamente, para que este dê lugar a Oxum, Xangô, Oxóssi, etc.[2]

Sentir na pele a bondade e a paciência do Preto-Velho, a força do Caboclo, perceber-se Criança outra vez e se permitir viver estas experiências além do ego é algo transformador para nossas vidas. É possível descobrir que há muito mais gente que nos ama além do mundo material. Descobrimos que nossos guias fazem valer a máxima de Cristo: amar ao próximo como a si mesmo; incorporar é viver isso! Nossos guias nos amam e esta é a maior razão para eles se manifestarem por meio de nossa mediunidade e, ao contrário do que podem pensar algumas pessoas, eles nos ajudam sempre em primeiro lugar.

O Mestre Rubens Saraceni certa vez me disse que entre um problema e outro dos consulentes os guias encaixavam os nossos problemas pessoais (dos médiuns) para serem resolvidos. Quando o médium alcança a maturidade de dar consultas e passes espirituais, ele tem a oportunidade de ver pessoas com dificuldades iguais às suas se consultarem com seus guias e acompanhar como eles tratam as dificuldades alheias. Assim, depois de uma sessão ou gira de atendimento de Umbanda, parece que todos os nossos problemas ficam muito pequenos frente ao olhar espiritual. Raramente um guia lhe diz o que deve fazer de sua vida e de suas escolhas; muito mais do que isso, eles ensinam a viver a sua verdade. Para muitos, ainda é algo vago ou abstrato o conceito de viver a sua verdade, que quer dizer estar com

---

2. Embora esta parte do texto também seja de minha autoria, faz parte do prefácio ao qual fui convidado a fazer no livro de Severino Sena, chamado *Na Gira da Umbanda*, Madras Editora.

sentimentos, pensamentos, palavras e ações na mesma direção, o que pode parecer simples, mas não é.

O mais comum é viver com pequenas e grandes mentiras, enganar a si mesmo, viver uma realidade interna e outra externa, estar insatisfeito e se obrigar a fingir que está bem para agradar alguém ou preencher um pré-requisito social, familiar ou profissional. Estes são apenas alguns aspectos do caminho do amor, o caminho do encanto pela Umbanda e tudo que ela representa em nossas vidas.

Nas formas mais arcaicas de expressão de fé e religiosidade, encontraremos pouca teoria e muita experiência. São as experiências de transcendência, transe e êxtase religioso, nas quais a fé é algo totalmente visceral, que fazem a carne tremer e alçam o espírito humano para fora e além desta realidade. Em estados alterados de consciência, esta fé "selvagem" e "primitiva" encontra-se no seu estado bruto e ao mesmo tempo puro. Não pode haver mentira, hipocrisia, doutrinação ou teorização abstracionista no momento de viver algo que depende de sua entrega total. São expressões naturais que brotam do âmago do ser, de sua alma, algo que foge ao encapsulamento de um corpo carnal. São experiências tão fortes, tão "grandes", que nem o corpo ou a mente racional dão conta de segurar. O sagrado baixa à terra, o divino incorpora e possui o iniciado, confundindo-se com ele mesmo. Este é o transe místico mais primitivo e ao mesmo tempo mais lindo e fascinante, pois a mente não precisa alcançar o ser supremo, a mente deve apenas parar de pensar, parar de racionalizar, parar de teorizar. A mente humana deste ser em transe não está mais ali, ela não precisa alcançar o Ser Supremo, porque Ele está aqui. Você não é mais você, você já não sabe mais quem é você, afinal você é Ele ou Ele é você. É inexplicável e arrebatador. Como limitar esta experiência a algumas explicações simplistas sobre a mediunidade? Neste caso, explicar a mediunidade é apenas uma tentativa de teorizar, classificar e convencer a mente de que ela dá conta de entender o que acontece, para finalmente relaxar no fato de que ainda está tudo sobre controle. Ainda assim a mente sabe que o melhor de tudo é perder o controle, entregar-se numa loucura divina e domesticada apenas pelo ritual que a mantém dentro de limites e parâmetros saudáveis. O ritual regula e controla este momento único, ou como diria Roger Bastide, "o ritual domestica o sagrado selvagem".

Meu Desenvolvimento Mediúnico

Conheci a Umbanda em 1995. Ao visitar um terreiro, uma das primeiras coisas que ouvi de um Preto-Velho foi: "Você é cavalo, meu filho". De formação espírita, não entendi muito bem o que queria dizer esta afirmação, e logo um cambone me explicou que a entidade estava dizendo que eu era um médium de incorporação.

Meu coração bateu mais forte, não sabia o que implicava aquela afirmação, pensei que quisessem que eu ficasse para trabalhar ali naquele terreiro, na época bem longe de casa. Logo respondi que era espírita (kardecista), então ouvi a resposta de que poderia trabalhar em qualquer lugar com essa mediunidade.

Foi uma mistura de emoções, pois aquele ambiente me fascinou e encantou: música, defumação, altar, ritual, símbolos, magia, incorporação, e tudo realizado por gente muito simples.

Queria aquilo para mim também, uma comunicação direta com a espiritualidade, contato com meus Guias e Mentores. Embora tivesse uma formação espírita, nunca víamos espíritos incorporados no Espiritismo, e sempre havia uma orientação para não chamar espíritos porque era muito perigoso.

O máximo que praticávamos em casa como kardecistas era o "Evangelho no Lar". Mas agora eu desejava este contato direto, esta religiosidade mediúnica que combinava Pretos-Velhos, Caboclos, Baianos, Orixás, santos católicos, velas, etc.

Alguns dias depois, já estava junto de um pequeno grupo dando início a um trabalho de Umbanda. Ninguém sabia nada de Umbanda, mas havia uma amiga que incorporava entidades de Umbanda e essas entidades sabiam o que estavam fazendo; e assim comecei meu desenvolvimento mediúnico.

Como boa parte dos médiuns, comecei a incorporar sem saber nada sobre Umbanda. Passei a cambonar/auxiliar os Guias Espirituais e a aprender com eles algo sobre a prática mediúnica umbandista. Mas continuava sem saber nada sobre a religião, nada sobre a combinação de tantos elementos num mesmo contexto. Não sabíamos nada sobre a Umbanda de fato, mas já começávamos um trabalho de atendimento mediúnico.

No fim daquele ano, conhecemos Rubens Saraceni, que viria a se tornar meu Pai Espiritual. Pedimos a ele que nos adotasse, pois não tínhamos ideia do que estávamos fazendo. Sabíamos apenas que era muito bom receber Caboclos, Pretos-Velhos, Crianças e outras entidades para dar passe e consulta.

Com o Rubens, e por meio da literatura psicografada por ele, começamos a entender um pouco melhor a religião umbandista e logo tudo começou a se harmonizar em nossas mentes, fazendo com que a mediunidade passasse a fluir muito mais naturalmente.

Com informação, passamos a ter muito mais segurança do que estávamos praticando. Já havia lido muitos livros sobre Umbanda, além da formação espírita, mas ainda ficava por entender tantas contradições na literatura umbandista.

Aos poucos, passamos a ter contato com as informações da espiritualidade sobre a Umbanda num contexto mais amplo. Além dos trabalhos de terreiro, surgiu o primeiro Curso Livre de Teologia de Umbanda Sagrada, ministrado pelo amigo, irmão e meu Pai Espiritual, Rubens Saraceni.

Comecei a compreender melhor tudo o que praticávamos no terreiro, o conhecimento passou a ser organizado e sistematizado para que, além de aprender, pudesse ensinar também.

Surgiu o Curso de Sacerdócio de Umbanda Sagrada, em 2000, no qual passei a fazer estudos práticos/mediúnicos. Tive a oportunidade de trabalhar mediunicamente junto do Rubens e ser apresentado às manifestações dos 14 Orixás e muitas Linhas de Trabalho. O desenvolvimento mediúnico passou a ganhar outra forma e dedicação diferenciadas, pois o que antes era realizado durante as sessões de atendimento, agora ganhava forma e método.

Começou então a ser idealizado o Curso de Desenvolvimento Mediúnico, o Rubens passou a dar um modelo de Escola Mediúnica Umbandista, por meio do Colégio de Umbanda Sagrada Pai Benedito de Aruanda. Hoje temos muito mais informação, aplicamos uma metodologia teórica e prática, tanto no desenvolvimento mediúnico quanto no sacerdócio de Umbanda. Fazemos o mesmo trabalho de terreiro, no entanto, com muito mais propriedade e direcionamento.

Montamos grupos de desenvolvimento mediúnico e sacerdócio de Umbanda com o objetivo de auxiliar aqueles que receberam a mesma missão que cada um de nós: trabalhar mediunicamente na Umbanda.

Com metodologia, conhecimento e disciplina, o desenvolvimento mediúnico e a preparação sacerdotal se tornam muito mais tranquilos e seguros.

Reflexões sobre a Mediunidade

A mediunidade não é um peso, mas um dom. Porém, quando não sabemos como trabalhar com ela, pode se tornar um fardo.

Muitos se sentem reféns de dores e sentimentos que se manifestam em seu corpo sem explicação científica, biológica, psicológica ou racional. Em muitos momentos da vida, sentimos que há algo de errado em nós, sentimo-nos deslocados do mundo, sentimos que falta um sentido ou uma razão para nossas vidas. Sentimos "coisas" que não conseguimos explicar e, às vezes, parece que estamos ficando loucos. Muitas vezes parece que temos distúrbios bipolares, tripolares, multipolares... Somos vistos como histéricos, desequilibrados ou esquisitos, apenas porque vemos, ouvimos ou sentimos o mundo espiritual.

Como diria Pai Ronaldo Linares: "Não estamos loucos, apenas descobrimos que somos médiuns".

Durante muito tempo, a psicologia considerou os sintomas da mediunidade como se fossem os mesmos da histeria. Hoje sabemos que histeria não tem hora nem lugar para acontecer e muito menos pode dar um sentido para nossas vidas. Assim, se a mediunidade fosse uma loucura, então seria uma loucura controlada. Somos loucos por Deus, somos místicos no sentido mais forte da palavra: aqueles que vivem uma experiência transcendental direta e visceral com o sagrado. Afinal, a sabedoria que reside no sagrado é loucura para este mundo material, e a sabedoria deste mundo é loucura para o sagrado e divino (I Cor. 1:17).

Ao nos descobrirmos médiuns, passamos a ouvir muitos dogmas e tabus que nem sempre correspondem à verdade sobre nossa mediunidade.

Por exemplo:
- Que todo médium tem um pesado carma para carregar.
- Que médium é um devedor da Lei Maior.
- Que mediunidade é um caminho de sofrimento e dor.
- Que os guias espirituais ajudam a todos, menos a seu médium.
- Que médium deve ser um santo(a), casto(a), puro(a) e iluminado(a), como um avatar ou mestre ascensionado.
- Que médium está destinado a uma vida miserável, sem prosperidade.
- Que o médium assinou um contrato antes de encarnar e que agora deve cumprir seja lá o que for, que ele mesmo não sabe o que foi.
- Que uma vez desenvolvida a mediunidade, a pessoa passa a estar amarrada com a Umbanda e não pode sair mais dessa religião, etc.

Enquanto, na verdade...
- Mediunidade é oportunidade de viver a vida com mais qualidade, com mais sentido, com mais sentimento.
- Mediunidade é oportunidade de contato com nossa família espiritual que nos ama e nos quer bem.
- Mediunidade é oportunidade de vencer velhas dificuldades, superar apegos, curar dores e vícios.
- Mediunidade é oportunidade de sair do caminho da dor e entrar no caminho do amor.
- Mediunidade é oportunidade de nos libertarmos do peso do carma negativo desta e de outras encarnações.
- Mediunidade é mais vida para nossas vidas.
- Mediunidade é tudo isso e muito mais se for bem trabalhada, e pode ser um caos se mal trabalhada.

Por isso, precisamos, em primeiro lugar, desconstruir certos paradigmas desconexos com a realidade de uma mediunidade saudável. Não basta apenas cuidar do espírito. É necessária uma nova cultura, passar a ver a vida de um ponto de vista integral.

O médium precisa se autoconhecer, deve aprender a trabalhar suas dores, seus traumas, vícios e suas dificuldades. O médium precisa aprender a aplicar sobre si mesmo e sobre sua vida os recursos da Umbanda, antes de exigir ou esperar que seus guias façam pelos outros. O mais importante é querer se tornar alguém melhor, uma pessoa mais bacana para si, para os próximos e os distantes também.

Para conseguir desenvoltura mediúnica na Umbanda, é importante que os médiuns conheçam o mínimo sobre o que é a religião, quem são os guias e Orixás, o que é uma oferenda, o que são firmezas e assentamentos, o que é magia, o que são pontos cantados e riscados, etc. Sabemos que 99,9% dos médiuns são semiconscientes e entram em crise por acreditar que estão "mistificando", não sabem se são eles ou os guias se manifestando. Por esta razão, entre outras, é muito importante que o médium de Umbanda estude, aprenda e conheça o que é este dom divino que se manifesta por seu intermédio.

Tipos de Mediunidade

Mediunidade é a capacidade de intermediar entre o plano material e o espiritual. Reconhecer nossa mediunidade é admitir que de alguma forma podemos sentir, ver ou interagir com o que está no plano espiritual. A palavra foi cunhada por Allan Kardec e, desde então, todos se utilizam dela para identificar as pessoas que têm a capacidade de ser medianeiras entre duas realidades. Podemos dizer que: **médium é aquele que intermedeia, que tem a capacidade de levar ou trazer informações entre a realidade material e as diversas realidades, planos e dimensões espirituais, naturais, celestiais e divinos.**

O que chamamos de mediunidade sempre existiu no ser humano; esta capacidade de interagir com outras realidades e entidades é algo natural nos homens. Em todas as culturas identificamos pessoas com as mais diversas formas de mediunidade. O que hoje chamamos de médium na Antiguidade foi chamado de xamã, que em cada cultura se reveste de uma identificação diferente. Os xamãs ou possuidores de dons costumam assumir funções sociorreligiosas nas comunidades, como sacerdotes ou magos; assim é a figura dos pajés nas tribos indígenas, dos *richis* (sábios) hindus, dos antigos sacerdotes e sacerdotisas nas culturas celtas, os profetas semitas que deram a base para o futuro Judaísmo, alguns dos santos católicos e vários bruxos e bruxas queimados na Inquisição.

Em maior ou menor grau, todas as pessoas são médiuns. Nem todos são médiuns de incorporação ou psicografia, mas todos sentem de alguma maneira o que é do mundo astral; alguns em sonho, outros por uma percepção ou ainda aquela "intuição". Sentir uma presença indesejada ou uma energia ruim, por exemplo, é algo mediúnico. Quantas vezes acordamos bem, mas, durante o dia, encontramos um amigo que só faz reclamar da vida e, após o encontro, nos sentimos energeticamente pesados, com cargas negativas ("carregado") que foram absorvidas mediunicamente, que causam até dores de cabeça. Ainda ouvimos da boca do amigo: "Olha, só de encontrar você me sinto bem melhor!" Isso é uma transferência de energia que acontece entre nossos campos magnéticos (campo áurico), que é um fenômeno natural no qual uns têm maior capacidade de absorção, são verdadeiras esponjas de energia, ficando depois a necessidade de descarregar essas energias para voltar a se sentir bem novamente. Isso pode ser feito por um passe, um banho de ervas, uma defumação, uma visita à natureza, trabalho de magia divina, etc. O ideal é esse médium ter recursos para se descarregar, e passar por uma educação mediúnica em que não fique tão sujeito ou vulnerável às energias dos ambientes e das pessoas.

Agora vamos citar alguns tipos de mediunidade:

Psicografia: é a escrita mediúnica, na qual os espíritos escrevem por meio do médium. Pode ser feita com a entidade manipulando mecanicamente os movimentos da mão do médium ou por intermédio de ideias que lhe vão aparecendo na mente. Alguns médiuns escrevem por meio da clariaudiência e outros registram mensagens psicofônicas. Esta foi a mediunidade que consagrou o médium Chico Xavier, apesar de ele ter manifestado em vida quase todos os tipos de mediunidade (com mais de 460 livros psicografados pelos espíritos). Esta mediunidade não era muito presente na Umbanda até que o Preto-Velho Pai Benedito de Aruanda passou a psicografar livros por meio de seu médium Rubens Saraceni, que se destacou publicando os primeiros romances psicografados de Umbanda e, posteriormente, uma série de livros doutrinários.

Psicometria: é uma leitura do registro astral e temporal que fica em cada objeto revelando seu histórico.

Psicofonia: é a fala mediúnica, a comunicação por meio do aparelho vocal no médium.

Xenoglossia: é o ato de falar em outras línguas, como na noite de pentecostes.

Clariaudiência: audição mediúnica, dom de ouvir a voz dos espíritos.

Clariolfativo: capacidade de sentir aromas do mundo espiritual.

Clarigustativo: capacidade de sentir o gosto de algo não material.

Clarividência: é a visão mediúnica, quando se vê o "mundo astral".

Vidência: visão mediúnica com imagens que se formam mentalmente e que têm algum contexto com a realidade ou o mundo astral.

Pictografia: pintura mediúnica, na qual um espírito toma a função motora do médium, de forma mecânica, para pintar uma tela que demonstre a imortalidade da alma daquele artista que se manifesta. Existe um grupo de artistas no astral que se dedica a este trabalho e, constantemente, procuram médiuns que tenham esta condição mediúnica. Entre esses artistas do astral podemos citar Picasso, Renoir, Aleijadinho, Lautrec, Vangog, Monet e outros.

Inspiração ou irradiação: quando sutil e conscientemente o médium recebe comunicações do astral.

Desdobramento ou projeção astral: ainda conhecido como viagem astral, é o ato de sair do corpo material com seu corpo perispiritual para realizar tarefa no astral. A maioria de nós a realiza naturalmente enquanto dorme. Tem ainda pequena diferença da projeção mental, em que apenas a mente, sem o invólucro perispiritual, vai até determinado local buscar informações e viver certa experiência. Muito estudada e difundida por nosso irmão Wagner Borges, que faz "viagem astral" espontaneamente desde criança e ensina as pessoas a desenvolverem a consciência para este dom natural do ser humano.

Materialização: de pessoas ou objetos, acontece com médiuns que têm o dom de doar muito plasma de si e este vai recobrindo o corpo perispiritual até que se veja nitidamente sua presença no mundo físico material (ficou muito conhecida por meio do médium Peixotinho, de Macaé, RJ, que a realizou na década de 1950; Chico Xavier também realizou algumas sessões com seu grupo e outras junto com o próprio Peixotinho).

Existe ainda a materialização por transporte de objetos, um pouco diferente de plasmar: é quando o médium tem o dom de desmaterializar algo em algum local físico e materializar em outro Lugar. Muito conhecida por intermédio da médium Adelarzil (faz materializações no algodão).

Telecinesia: é o dom de realizar efeitos físicos, como mover objetos ou apagar luzes.

Podemos considerar ainda o benzimento como um fenômeno mediúnico, já que envolve entidades do astral e movimentação de forças espirituais.

Esses dons não deixam de ser metafísicos; aqui são colocados todos como mediúnicos por estarem sob orientação e direção de entidades guias no astral.

Esperamos nas próximas edições dar mais detalhes específicos de algumas dessas mediunidades, como os tipos e como se processa a incorporação semiconsciente e inconsciente, por exemplo.

Incorporação: é um fenômeno em que a entidade espiritual praticamente encarna no médium. Não é apenas uma psicofonia, mas toda uma caracterização na qual o médium assume todos os trejeitos da entidade espiritual. É um fenômeno de transe mediúnico no qual o médium fica em estado alterado de consciência para dar a devida passividade a outro ser que lhe toma o controle de suas ações. Esta mediunidade em específico é a mais utilizada na Umbanda e é o objeto de estudo em questão aqui neste livro.

Estes são alguns dos dons mediúnicos, nem sempre eles se manifestam de forma tão clara; muitas vezes se confundem e é comum um médium possuir ou desenvolver mais de um dom mediúnico. Estes dons não são poderes paranormais, e sim algo natural e inerente ao ser humano. Não basta desenvolvê-los, é preciso aplicá-los no dia a dia com muita ética e bom senso para que não se entregue a desequilíbrios de ordem espiritual, mediúnica, emocional e psicológica. Nenhum destes dons pode ser considerado castigo ou doença; pelo contrário, são atributos de um espírito que vem se trabalhando ao longo das encarnações. Estes dons não atrapalham nossas vidas, o que nos atrapalha é a falta de conhecimento e habilidade para lidar com eles.

Incorporação não é Possessão

Na grande maioria das religiões, o fenômeno que chamamos de "incorporação" não é algo desejado e, assim, quando alguém entra em transe, geralmente, é algo contra a sua vontade. Por este fato, usa-se o termo possessão e se afirma que tal pessoa está possuída. A própria palavra implica algo que está sendo tomado à força, uma agressão. Assim é, por exemplo, no Catolicismo: quando alguém é possuído ou tomado, logo isso é reconhecido como uma possessão demoníaca e o caminho mais indicado é fazer um exorcismo. Nas religiões Pentecostais, é costume incorporar o espírito santo e falar em outras línguas, o que também é um fenômeno de transe. Ainda neste seguimento, também se fazem exorcismos de capetas ou demônios que podem estar atrapalhando a vida de alguém. Nas novas religiões evangélicas brasileiras, houve uma demonização das entidades de Umbanda, especialmente Exu e Pomba-Gira, e assim é comum que os adeptos incorporem essas entidades como se elas fossem demônios que necessitam ser expulsos. O que, do ponto de vista da Umbanda, é um absurdo, claro.

Este quadro em torno do transe, aqui chamado de possessão, faz com que se crie um grande imaginário ao redor do que chamamos de incorporação na Umbanda, e que confunde um pouco quem é de fora tanto quanto quem está chegando à religião.

Muitas pessoas chegam aos templos umbandistas acreditando que serão possuídas pelos guias de Umbanda, creem que serão tomadas de si mesmas e que as entidades espirituais entram em seus corpos independentemente de sua vontade, o que não é verdade – com raras exceções que devem ser analisadas e estudadas, caso a caso, para entender o que de fato está acontecendo.

Na Umbanda, o transe de incorporação é algo desejado, o médium quer estar incorporado, quer viver esta experiência, admira e ama os guias espirituais e deseja esta proximidade. Então, quando entramos nesta realidade de Umbanda, em que todos querem incorporar, deparamo-nos com o fato de que incorporar não é algo tão simples e que, embora seja para uma grande maioria, não é para todos. Ainda assim, há muitas dificuldades e bloqueios que impedem a incorporação, mas que podem ser trabalhados e neutralizados com um bom desenvolvimento mediúnico.

Assim, podemos definir que a palavra "incorporação" é a mais utilizada para definir esse transe em que um médium está manifestado com um guia de Umbanda, o que também cria outras dificuldades com relação à expectativa e ao entendimento que o médium tem sobre o que irá acontecer com ele no momento em que seu guia espiritual se apresentar. A palavra incorporar traz a ideia de que alguém vai entrar em você e, desta forma, a grande maioria acredita que, se um ser vai entrar, alguém tem de sair para dar espaço, e daí mais confusão e conflitos. Afinal, na grande maioria das vezes, quando incorporamos, nosso espírito não sai do corpo para outro entrar, eles coabitam o mesmo corpo, por isso o médium deve aprender a ficar quieto e não interferir para que seu guia possa se manifestar. Há inúmeras polêmicas em torno da palavra "incorporação", no entanto, não existe outra palavra que traduza melhor o que acontece, independentemente do fato de um espírito ter de "entrar" ou não em seu corpo para se manifestar. A sensação de quem está em transe é que alguém está se manifestando de dentro para fora em você.

Embora o Espiritismo traga muita luz e estudo sobre as diversas formas de mediunidade, é muito raro encontrar o transe de incorporação no meio espírita; o que mais vemos é a psicofonia, ou seja, a fala mediúnica, que difere do que chamamos de "incorporação", na qual o médium fica totalmente caracterizado pela forma de manifestação de seus guias espirituais. A racionalização do fenômeno mediúnico é algo bom para seu entendimento, mas a racionalização excessiva pode atrapalhar mais que ajudar, simplesmente porque, no processo de transe e incorporação, há momentos em que o melhor é esquecer de tudo que é racional ou questionável e apenas se entregar, como um amante se entrega a seu amor, sem medidas ou questionamentos infindáveis.

A incorporação é um ato de amor, no qual o médium tem a oportunidade de unir-se misticamente a seus guias e Orixás. Nas religiões de transe acontece isso, algo muito especial, seus mestres e suas divindades vêm à terra e lhe tomam como morada para sua manifestação. O médium em si é um templo vivo recebendo a visita das entidades, as quais ele tem em alta conta dentro do que é sagrado e divino. O mesmo vemos no Candomblé, Catimbó, Pajelança, Tambor de Mina e outras religiões dos seguimentos afro-indígenas-brasileiros.

O transe de incorporação é uma das manifestações mais antigas e arcaicas de religiosidade e espiritualidade. Muito antes de haver uma história escrita, os xamãs de todas as culturas já entravam em transe e recebiam espíritos e divindades por meios dos rituais mais variados. A incorporação não é uma invenção de Kardec e muito menos da Umbanda, ou de outras tradições atuais. A incorporação é algo ancestral e visceral no ser humano. Mesmo que encontre uma sociedade em que nenhuma religião de transe esteja presente, sempre haverá pessoas que entram em transe e têm algo de positivo como resultado de uma incorporação.

Por isso tudo e muito mais, podemos dizer: "incorporação não é possessão" e que é, de fato, algo muito desejado na religião; antes de mais nada, é o pilar de sustentação da Umbanda. Afinal, a própria religião nasceu da incorporação de um espírito chamado Caboclo das Sete Encruzilhadas em seu médium, Zélio de Moraes, no dia 15 de novembro de 1908. A Umbanda nasceu da prática e não da teoria, no entanto, precisamos e muito da teoria para entender melhor esta prática.

Incorporação é Parceria

Sabemos que a incorporação, na Umbanda, não é considerada um ato de possessão, não acontece contra o desejo do médium e sim com sua vontade e consentimento. Isso é bem simples de entender, levando em consideração que os mentores de Umbanda respeitam o nosso livre-arbítrio e que a incorporação é algo muito almejado entre os umbandistas. Alguns poucos e raros médiuns de Umbanda são "tomados" mediunicamente sem ter passado por um processo de desenvolvimento mediúnico e, ainda assim, quando manifestam guias de Umbanda, estes vêm para ajudá-los em primeiro lugar, para, depois, ajudar ao próximo por meio desses médiuns que os tenham aceitado.

Há casos de médiuns que começam a se desenvolver e, depois de algum tempo, desistem da mediunidade ou da Umbanda. Isto sempre é respeitado, no entanto, não se perde a mediunidade, e o que acontece é o médium continuar sentindo e percebendo coisas pertinentes à mediunidade e não saber o que fazer com isso. Também podemos citar casos de médiuns que vivem uma vida desregrada ou que se tornam excessivamente materialistas e, nestas poucas situações, veremos seus guias espirituais, como irmãos mais velhos, tentando o que houver de recurso para lhes orientar, às vezes abrindo mão de fatos embaraçosos para fazer essa pessoa entender que precisa se dedicar o mínimo a uma vida espiritual, menos materialista e desregrada. Às vezes, isso é mal compreendido pelos médiuns mais "arredios", que acreditam estar tomando uma "surra de Caboclo". Na verdade, a vida é quem está lhe dando uma lição e seu Caboclo, que o ama, está ali tentando lhe mostrar um caminho melhor para seguir de forma mais tranquila. O mundo material embota nossa percepção, prazeres e diversões limitam as consciências e, assim, é muito fácil colocar a perder uma vida inteira, chafurdando em mesquinharias e mediocridade.

Nossos guias e mentores pretendem abrir nossos olhos, nos fazer acordar e nos ensinar maneiras de viver melhor, com mais qualidade de vida em qualquer circunstância. Isso implica o aprendizado constante de valores maiores do que tudo aquilo que pode ser passageiro nesta vida.

Desta forma, os guias se aproximam com muito respeito e amor daqueles que serão seus parceiros nesta empreitada mediúnica. Desenvolver a mediunidade é descobrir essa parceria e descobrir como se relacionar de forma tranquila com algo tão complexo, louco ou quase surreal, como a incorporação de outro ser em seu corpo, e ainda compartilhar seus sentimentos e pensamentos com os sentimentos e pensamentos desse outro, que na verdade é um mestre para a vida.

Por causa do processo de aprendizado dessa parceria, o médium entrará em crise sem saber quando é ele que está se manifestando ou quando é seu guia a tomar as rédeas, o que é muito normal. A grande maioria dos médiuns passa por isso e supera esta crise, sem presa e sem atropelo, o que faz parte de um amadurecimento mediúnico. Isso quer dizer que aprender a identificar quem é você e quem é seu guia enquanto incorporado faz parte do desenvolvimento, e por mais que pareça estar ficando louco, com dupla personalidade ou ludibriando a si ou aos outros, o tempo se encarrega de mostrar onde estamos enganados e onde estamos acertando. Acertamos no amor, na confiança e na entrega, e nos enganamos no desamor, na desconfiança e na resistência. Aceitar e se entregar é o único caminho para descobrir uma mediunidade saudável. Claro que existe um filtro: você se entrega ao que lhe faz bem. Você se entrega ao sentir a presença de guias que o amam. Caso contrário, ao sentir presenças desagradáveis, você aprende a resistir e usar também seu livre-arbítrio para o ato de incorporar ou não. Tudo isso faz parte do desenvolvimento mediúnico, que é o período mais delicado da vida mediúnica, em que o médium se abre para esta nova realidade e expõe toda a sua fragilidade. Em contrapartida, esse médium descobre novas forças para si e para sua vida, descobre recursos de energia e desenvolve sua percepção com relação ao que sente mediunicamente.

Com o tempo, esse médium vai descobrindo em seus guias pessoas que o amam e querem o seu bem. Ao longo desse período, vai descobrindo a personalidade de cada um de seus mentores e identificando o quanto são diferentes dele, em suas opiniões e visão de mundo.

Nasce uma nova relação assim que passa a crise de identidade entre o médium e seus guias e, então, desta relação passa a vir outro aprendizado, no qual o médium vai aprendendo a se comunicar com seus mentores e lhes ter como mestres pessoais. O trabalho mediúnico passa a ser uma parceria desejada e saudável e o médium agora conta com orientadores para toda a sua vida, que o amam e o respeitam acima do que estamos acostumados neste mundo tão pequeno e material. O médium descobre um novo mundo, uma nova realidade.

Incorporação: Consciente ou Inconsciente

A mediunidade de incorporação é a modalidade mais comum na Umbanda.

Muito mais que a simples mecânica de transmitir mensagens dos espíritos por nosso aparelho vocal (psicofonia), existe toda uma caracterização no médium incorporado por uma entidade na Umbanda, pois eles trazem todo um conjunto de trejeitos que identifica a qual linha pertencem (Preto-Velho, Caboclo, Baiano...) e qual o tipo de trabalho que realizam.

Dentro da mecânica de incorporação **é costume entre os médiuns se perguntarem se são conscientes ou inconscientes**, como se esta resposta esclarecesse realmente um tipo de mediunidade ou ainda a qualidade da comunicação.

O fato é que uma simples resposta a esta pergunta não esclarece nada; vejamos, por exemplo, dentro do que se costuma chamar "médium inconsciente".

O que é um "médium inconsciente"?

Na prática, é aquele que não se lembra do que aconteceu enquanto esteve incorporado. Mas qual é a mecânica de incorporação? Como se processa o fenômeno mediúnico nele?

Em verdade, muitos que não se lembram do trabalho que seus guias realizam e costumam ser chamados de médiuns inconscientes podem ter tipos diferentes de mediunidade.

Veja só, alguns médiuns quando incorporados são semiconscientes e seu corpo perispiritual, duplo etérico, fica um pouco deslocado do eixo normal, em que tudo se processa como se fosse um sonho e, ao desincorporar o guia, seu corpo volta ao eixo sofrendo um pequeno "choque", como quem acabou de acordar, assim esquecendo o que aconteceu enquanto esteve incorporado, mas não estava inconsciente durante o processo.

Outro caso mais raro é o médium que no momento da incorporação faz desdobramento astral, podendo acompanhar ou não o trabalho da entidade e lembrando ou não o que vivenciou enquanto esteve projetado, com seu perispírito fora do corpo material. Este também pode esquecer o que vivenciou ao voltar para seu invólucro carnal.

Alguns, quando incorporados, além de se desdobrarem também dormem, são os chamados médiuns sonambúlicos; quando seu corpo fica entregue de forma física e motora à entidade, dizemos ainda que tem mediunidade mecânica.

Podemos fazer uma analogia grosseira com a mediunidade de psicografia, que é mecânica quando a entidade domina fisicamente o braço do médium usando inclusive a caligrafia que tinha quando encarnado.

Este tipo de mediunidade é raro, Chico Xavier manifestava muito de forma mecânica, para citarmos um exemplo conhecido da maioria das pessoas.

A incorporação mecânica é tão rara quanto a psicografia mecânica, também chamada de automática.

E ser um médium mecânico e sonambúlico não o torna melhor que os demais, porque a qualidade em uma boa manifestação, dentro ou fora da Umbanda, não está na forma, mas na essência, ou seja, mais valor tem o teor da mensagem e a vibração da entidade do que a mecânica que ela se utiliza para manifestar.

Podemos ter médiuns inconscientes que em nada interferem na comunicação, já que esta é a polêmica nos terreiros, mas com sintonia baixa e afinidade espiritual negativa.

Pouco valor têm os fenômenos, além de converter os céticos, muito valor tem a doutrina. Mais vale uma entidade de luz que pouca caracterização cria em seu médium e que transmite tudo o que nossos Orixás esperam da comunicação, do que um "zombeteiro" produzindo fenômenos para impressionar as pessoas e que pouco ou nada tem de bom para nos transmitir.

A maioria dos médiuns é semiconsciente e, por esta razão, precisa passar pelo desenvolvimento mediúnico.

E, embora se digam conscientes, mal se lembram das consultas ou de quem realmente tomou ou deixou de tomar passes com seus guias.

Repare, quase todos precisam passar por um período de desenvolvimento mediúnico que varia de pessoa para pessoa. O sonambúlico, inconsciente e mecânico não passa pelo desenvolvimento mediúnico, pois ele possui mediunidade de incorporação mecânica, física mesmo. Quando chega a um período de sua vida em que deve se entregar à mediunidade, ela aflora tão rapidamente que pouco se consegue entender o que está acontecendo.

Aí o que vale é ter uma boa comunicação pautada no AMOR e na CARIDADE. Muitos médiuns são conscientes e têm mediunidade mecânica, como o sonambúlico, pois eles fazem o desdobramento astral e acompanham o trabalho "de fora", ou seja, eles se veem incorporados.

Tudo isso para dizer que não há como qualificar uma boa comunicação ou classificar um tipo de mediunidade baseando-se em uma simples pergunta, se o médium é consciente ou inconsciente.

O que temos de saber é se a entidade incorporada realiza um bom trabalho de AMOR e CARIDADE, doutrinando e transformando homens e mulheres em pessoas melhores para si mesmas e para o seu semelhante.

Incorporação Inconsciente

São vários os tipos de mediunidade, entre eles a mediunidade de incorporação inconsciente ou sonambúlica, que por sua vez difere de médium para médium.

O fenômeno, em comum para umbandistas e kardecistas, foi estudado a fundo nas obras de Chico Xavier, de onde extraímos os textos a seguir:

... enquanto minha mão escrevia, um espírito amigo aproximou-se e disse:

– "Chico, nós precisamos de você neste mesmo instante em uma reunião no plano espiritual, ligada por laços de afinidade ao Grupo Espírita da Prece. Você faça o favor de me acompanhar até lá!"

Com a devida permissão de Emmanuel, resolvi, então, seguir o amigo em espírito. Andamos muito até chegarmos a um salão muito amplo. Lá dentro, ocorria uma reunião e todos estavam em silêncio e prece. Com grande alegria, identifiquei a figura do professor Herculano Pires, presidindo o encontro. Cumprimentamo-nos rapidamente pelo pensamento e soube que deveria substituir um médium que havia faltado ao serviço.

Uma mãe em estado de sofrimento esperava obter notícias de seu filho. Ambos já estavam desencarnados, mas a respeitável senhora desesperava-se por não ter ainda se encontrado com o filho querido, desencarnado 10 anos antes dela. O estado íntimo de angústia desta mãe impedia-lhe a visão do filho dileto, que se encontrava em condição espiritual um pouco melhor.

Assim, enquanto meu corpo físico psicografava uma mensagem de um rapaz no Grupo Espírita da Prece, em Uberaba, meu corpo espiritual também recebia uma mensagem de outro rapaz, com outro tema, na reunião do plano espiritual, completamente diversa da primeira.[3]

Chico conta esta história com a riqueza de detalhes de quem tem total consciência do que lhe aconteceu, no entanto, podemos dizer que esteve consciente daquilo em que sua mente esteve focada durante esta experiência. Diria que pelo fato de estar fora de seu corpo físico e concentrado em outra atividade, Chico estava inconsciente do que acontecia com o seu corpo material, ele sabia que estava psicografando, mas sua consciência e seu corpo plasmado estavam em outra realidade vivendo outra experiência.

E, mais uma vez, Chico Xavier, em seu livro (que eu recomendo) *Nos Domínios da Mediunidade*, pelo espírito André Luiz, no cap. 8 "Psicofonia Sonambúlica", nos relata o caso de "Celina" ("sonâmbula perfeita de psicofonia inconsciente"), em que ela deixava o corpo para

---

3. XAVIER, Chico. *Mandato de Amor*. Belo Horizonte: União Espírita Mineira, 1995. p. 99.

que um "espírito" o incorporasse com mais desenvoltura e fora dele ela exercia certo controle, limitando o que poderia ser um comportamento desagradável, por parte de um comunicante de ordem inferior, o que se dá pelo fato de que a mente superior subordina a inferior. Se caso a entidade incorporante for de ordem mentalmente superior, ela passa a ser controlada pelo mentor da médium, garantindo o bom andamento dos trabalhos. Caracteriza inconsciência o fato de Celina se esquecer de tudo quando volta ao corpo, como quem dorme, tem um sonho ou desdobra e esquece ao acordar.

Lembrando que, como mediunidade inconsciente é diferente de possessão, o médium "possuído" pode ser considerado enfermo terrestre, ficando sem recursos de ligação com o cérebro carnal. Todas as células do córtex sofrem um bombardeio de emissões magnéticas de natureza tóxica.

Sabemos ser muito mais raro encontrarmos médiuns inconscientes (ou sonâmbulos) do que os semiconscientes, mas ambos fazem um excelente trabalho sempre que têm amor e ideal pela Umbanda, que em si já é sinônimo de caridade ao próximo.

Espero ter ajudado, de minha parte e experiência. Posso dizer que já tive o prazer de acompanhar o trabalho de excelentes médiuns inconscientes. Tanto quanto de conscientes.

Sintomas da Mediunidade de Incorporação

São alguns os sintomas da mediunidade de incorporação. É importante conhecer esses sintomas, porque eles se manifestam independentemente de a pessoa saber se é médium de incorporação ou não. Muitas vezes, esse médium começa a se sentir um estranho no mundo, começa a se sentir ou ser chamado de "esquisito", ou louco. Mas não somos loucos, somos médiuns de incorporação e existem diferenças claras entre loucura e mediunidade.

A pessoa que tem a mediunidade de incorporação latente, adormecida, não lapidada ou mal trabalhada, costuma apresentar alguns sintomas comuns. A grande maioria desses médiuns é muito sensitiva, com grande capacidade de sentir o que outras pessoas estão sentindo, de sentir as dores alheias. Mas também podem sentir, ver e ouvir o que os outros não sentem, não veem e não ouvem. É comum que a mediunidade de incorporação seja acompanhada de outros dons mediúnicos. Nesta realidade imaterial, tudo é energia, subjetiva e sutil, ainda que seja muito real e quase palpável para quem está percebendo o que os outros não percebem.

Alguns pensam que estão ficando loucos por não conseguirem explicar aos outros o que está acontecendo dentro de si, podendo se tornarem pessoas reclusas, introvertidas, estigmatizadas, marcadas e excluídas do convívio social. Questionam-se se estão loucos por atraírem para si dores alheias conhecidas e desconhecidas, mas, no fundo, sabem que isto não é loucura, e sim um fenômeno mal explicado. Grande parte dos médiuns de incorporação tem esta capacidade de atrair, de puxar a energia que acompanha as pessoas ou os ambientes.

Os sentimentos de dó, piedade e tristeza diante da dor e sofrimento alheio aumentam a capacidade de absorver as energias negativas e enfermiças do outro; o problema é não saber o que fazer com isso depois. Assim, muitos médiuns têm vontade de ajudar e inconscientemente sabem que podem socorrer, no entanto, não sabem como lidar com sua mediunidade e desconhecem recursos e técnicas para lidar com essas situações.

Da mesma forma, esses médiuns evitam encontrar pessoas muito negativas. O resultado é que, depois desses encontros, podem sentir enjoos, moleza pelo corpo, sonolência e outros tipos de mal-estar, como dores de cabeça frequentes e até dores pelo corpo.

Nestes casos, quando procuram os médicos, os seus males não são diagnosticados e suas dores de cabeça não têm origem conhecida. Claro que não podemos confundir sintomas biológicos com desequilíbrios mediúnicos ou mediunidade mal trabalhada. A grande diferença entre problemas físicos e sintomas mediúnicos é que, com o passar do tempo, o médium sabe que seus males são o resultado de uma situação dentro de um contexto, como encontrar alguém, ir a tal local ou ter passado nervoso.

É comum o médium de incorporação se sentir mal depois de desequilíbrios emocionais. Quando se desequilibra, o médium entra em uma sintonia baixa de vibração e abre seu campo mediúnico, mental e emocional para energias de carga negativa. Quando está nessa vibração negativa, o médium também acaba se sintonizando com espíritos negativos ou negativados, como sofredores, espíritos perdidos e/ou revoltados. O contrário também é verdade.

Assim, a pessoa que tem mediunidade de incorporação pode ficar muito vulnerável a influências externas e, às vezes, acabar tendo um comportamento considerado bipolar. Mas a sua mediunidade não deve ser desculpa para esse comportamento. O médium deve procurar um equilíbrio interno para não ficar tão sujeito a essas influências externas. A mente deve assumir o controle da mediunidade. Uma pessoa equilibrada e centrada não fica absorvendo cargas de todos os lugares por onde passa, mas, caso isso venha a acontecer, não deve se desequilibrar, mas perceber que está absorvendo energias negativas e aprender a descarregar-se e encaminhar essas energias. A isto chamamos de maturidade mediúnica, que é resultado de trabalho e educação mediúnica.

Por isso venho, há anos, afirmando: não basta desenvolver a mediunidade de incorporação, não basta aprender a incorporar espíritos; é fundamental, preciso e necessário passar por uma educação mediúnica, ter cultura mediúnica, estudar e compreender o fenômeno, suas causas e efeitos. É imprescindível um trabalho de autoconhecimento, sentir o que acontece com você e adquirir técnicas para se autotratar, para se limpar energeticamente, descarregar cargas negativas e encaminhar espíritos que possam estar perturbando-o.

Por que o Médium de Incorporação Passa tão Mal?

Muitos responderiam apenas que o médium passa mal porque é médium e ponto final. Mas não é assim, não passamos mal por sermos médiuns e sim por não saber como lidar com essa mediunidade.

É comum o médium de incorporação passar muito mal por causa das energias que sente. Além dos sintomas comuns de mediunidade de incorporação e as dificuldades em lidar com pessoas e lugares carregados de energia negativa, esse médium pode ter momentos de maior ou menor fragilidade, em virtude de sua condição emocional e das condições que tem para se cuidar, energeticamente falando.

O médium de incorporação é quase sempre um médium sensitivo, alguém que sente as energias de uma forma peculiar. Isto varia de médium para médium, o grau de sensibilidade. Ele, o médium, sente a energia dos lugares e das pessoas e, na maioria das vezes, ele "incorpora" esse sentimento. O médium de incorporação muitas vezes "incorpora" para si o que outras pessoas estão sentindo. Assim posso dizer que é comum o médium de incorporação não incorporar apenas espíritos, ele também incorpora para si os sentimentos, vibrações e energia de encarnados e desencarnados. O que é facilmente observado, quando, ao conversar com alguém, o médium começa a sentir as mesmas sensações da pessoa com quem fala e não raramente, ao sentir uma mudança em sua própria energia, começa a bocejar, o que é uma forma de o corpo reagir às mudanças de vibração e energia. No entanto, muitas vezes o médium não está nem conversando, está apenas próximo de alguém, e começa a sentir o que a pessoa está sentindo. Caso o médium não tenha consciência de que esses sentimentos não são seus e caso não aprenda a lidar com isso, terá problemas para conviver com os demais e até para conviver consigo mesmo, pois da mesma forma sente a presença de espíritos e sente a energia dos ambientes. Há casos em que esse médium pega as energias positivas ou negativas de outra pessoa ao conversar por telefone, que entra como um recurso para criar a "simpatia" (telepatia) entre as duas pessoas que estão numa conversa, uma entrando na sintonia da outra.

O médium deve aprender a observar suas variações de humor e entender que nem tudo é bipolaridade, há muitos médiuns que variam seu estado de humor sem saber por quê, ficam irritados ou depressivos sem motivo aparente, o que pode indicar esta capacidade de interiorizar o que os outros vibram e emanam para ele, de bom ou de ruim. Nem todas as pessoas sentem isso da mesma forma, mas muitos pensam que estão ficando loucos. Muitas vezes, esta sensibilidade fica adormecida e de repente desabrocha por algum motivo. É comum que isto aconteça na adolescência junto de muitos hormônios e muita confusão para quem está ainda tentando descobrir qual é sua identidade.

Claro que existe algo de muito bom também nesta sensibilidade, pois da mesma forma que percebe sentimentos negativos, o médium vive em profundidade os sentimentos positivos. Quando ama ou está apaixonado, suas emoções são vividas profundamente e consegue sentir o que o ser amado está sentindo. Isto também pode tornar o médium sensível demais, pode torná-lo preocupado demais quando não sentir no outro o resultado de suas expectativas. É preciso aprender a lidar com todos esses sentimentos e não projetar suas expectativas sentimentais nos outros, pois cada um é o que é e dá o que tem para dar. Com tantos sentimentos, com tantas sensações, se estabelece um fato. O médium de incorporação só tem dois caminhos: o do amor, que é o caminho da aceitação, ou o da dor, que é o caminho da negação de seus dons. Ele nasceu para viver a vida com profundidade e aprender com ela; não nasceu para uma vida superficial nem para passar seus dias entregue a futilidades e banalidades. Caso não se dê conta, a vida vai lhe ensinar que ele (você?) encarnou para querer muito mais da vida que apenas deixar os anos passarem como se fosse um sonho. Toda esta sensibilidade é o resultado de escolhas feitas em vidas anteriores e reflete seu caminho e sua busca, traçados antes de encarnar neste mundo. Lutar contra sua natureza, lutar contra seus dons adquiridos, só pode trazer a dor como resultado.

O médium de incorporação sente todas as energias que chegam a ele de maneira muito visceral, tudo é sentido com muita intensidade, e da mesma forma quando passa mal, ele passa mal mesmo, pode ter dores, indisposição profunda, náuseas e vômitos. Isso nem sempre é compreendido por quem está à sua volta, pois não tem uma doença de fato, nem uma virose e nada que um médico possa resolver. Com o tempo esse médium acaba entendendo que seus problemas não são clínicos, pois já cansou de ir a hospitais sem nenhum resultado ou diagnóstico que lhe mostre problemas biológicos ou patologias concretas.

Outro fato relevante é que geralmente começa a passar mal depois de alguma situação negativa que o colocou em sintonia com energias e vibrações mais baixas. O médium, com o tempo, vai se conformando com a situação e aprendendo que quando fica assim mal o que lhe ajuda é receber um passe, um benzimento, uma oração forte, banhos de ervas, defumação e outros recursos.

Há momentos em que esse médium se pergunta: de onde vem tanta energia negativa? E a resposta é: vem de todos os lugares. O médium então passa a crer que é como uma esponja que absorve todas as energias negativas por onde passa e, muitas vezes, acaba acreditando que não pode fazer nada para mudar essa condição.

Se foi a um Templo de Umbanda, certamente ouviu a frase: "Você precisa desenvolver sua mediunidade, meu filho(a)". E este é o ponto-chave aqui em nosso tema: **a mediunidade não é um fardo, a mediunidade não é um peso, a mediunidade não é um castigo**. No entanto, é algo que precisa e necessita aprender a lidar, para não ficar sujeito a sintomas e desequilíbrios decorrentes de uma mediunidade mal trabalhada.

Muitos médiuns não querem desenvolver sua mediunidade de incorporação; contudo, vivem passando mal e recorrendo a conhecidos para lhes ajudarem.

Muitos médiuns de incorporação frequentam centros espíritas onde a mediunidade de incorporação não é trabalhada, e quando passam mal, dificilmente outros médiuns (que não incorporam) conseguem ajudá-los apenas com passes energéticos, é preciso um passe espiritual (com alguém incorporado), uma ação mágica (manipulação e corte de energia negativa) ou o que seria melhor: ele mesmo, o médium, incorporar um de seus guias para ajudá-lo.

Quando um médium de incorporação começa a passar mal por causa de seu sentido mediúnico ser algo muito forte, visceral, é preciso mais do que um passe energético. Geralmente, é preciso a ajuda por meio de outro médium que tem o mesmo dom de incorporação para ajudá-lo por intermédio de seus guias devidamente incorporados, ou seja, estará sendo tratado por alguém que tem a mesma profundidade mediúnica, para não usar o termo "força mediúnica", que é sempre mal interpretado, já que não há médium mais forte, mas com mais profundidade maior na ação que realiza e em sua própria mediunidade. Isto porque o ideal seria o médium que está passando mal incorporar seus guias, fazer transporte, dar passividade às entidades positivas e negativas, e encaminhar tudo isso de forma tranquila e natural. Outra solução seria esse médium que passa mal incorporar um guia seu que atua de forma direta cortando demandas e fazendo descarrego, para ele mesmo, o guia, encaminhar e descarregar tudo que o está acompanhando. Na maioria da vezes esse médium de incorporação, não atuante, passa mal justamente por ser negligente com o seu dom, a incorporação, e por tentar viver como se não tivesse essa aptidão.

Mas para que isso aconteça, que ele aprenda a cuidar de si mesmo por meio da incorporação, esse médium precisa desenvolver sua mediunidade de incorporação, certo? Enquanto isso não acontece, dificilmente outros médiuns que não tenham este mesmo dom, da incorporação, poderão ajudá-lo, pois existe um magnetismo forte nos médiuns que trazem esse dom, um magnetismo que atrai as energias, mas que também lhes dá a capacidade de expulsá-las caso aprenda como lidar com elas.

Este é o ponto: ou você aprende a controlar sua mediunidade ou será descontrolado por ela.

Portanto, tome as rédeas de sua mediunidade. Caso contrário, não poderá assumir o controle dos rumos que ela tomará em sua vida, o que pode lhe dar muitas vezes a sensação de estar sem direção, caminhando de forma descontrolada por sua existência.

A mediunidade de incorporação não é um fardo, mas não saber lidar com os sintomas dessa mediunidade e não conseguir manter um equilíbrio podem tornar a vida mais "pesada".

Desenvolver a mediunidade de incorporação não resolve todos os seus problemas. No entanto, lhe dá mais qualidade de vida e o resultado é uma mente mais tranquila para lidar com as dificuldades internas e externas. Assim que o médium de incorporação se torna ativo e atuante, mantendo uma frequência de trabalhos mediúnicos, ele já para de passar mal com tanta regularidade. Daí em diante esse médium deve aprender a lidar com suas emoções, pois quando se desequilibra sempre, abre porta para as energias negativas, e deve também começar um trabalho de identificar o que é seu e o que não é seu. Todo médium deve colocar atenção e aprender a identificar pensamentos alheios que passam por sua mente e energias que não são suas, as quais começa a sentir.

É muito importante "orar e vigiar". Orar, para o umbandista, significa estar com as velas de seus protetores, de seu anjo da guarda e Orixás sempre acesas; vigiar quer dizer perceber quando pensamentos estranhos assolam sua mente e afirmar a si mesmo: isto não é meu. Perceber quando está nervoso ou irritado sem razão e não descontar nas pessoas do seu convívio, aprender a ajoelhar, rezar, fazer uma firmeza, um banho, uma magia divina ou chamar seus guias em terra para ajudá-lo. Este é um exercício diário para todas as pessoas, é um exercício importante para os médiuns em geral, e é algo necessário, fundamental e indispensável para um médium de incorporação. Não basta uma vez por semana ir ao templo se descarregar e receber seus guias; é preciso aprender a lidar com as emoções, pensamentos e energias suas e alheias que chegam o tempo todo. Afinal, ninguém é médium uma vez por semana, somos médiuns o tempo todo.

Caso não queira aprender, então continuará sujeito às intempéries alheias e subjugado por forças internas e externas, vivendo conflitos que não têm fim em sua vida. Tome as rédeas de sua mediunidade e, com isso, tome as rédeas de sua vida. Esteja atento, acordado, preste muita atenção, porque neste processo de desenvolvimento mediúnico sempre tem muita coisa para ser resolvida. Medos, fobias, complexo de culpa, carências afetivas, outros traumas e dores vão aparecer de forma anímica durante o seu desenvolvimento; aprenda a lidar com isso e cure-se de suas dores mais profundas. Recomendo que busque mais ferramentas para curar suas dores. Quanto mais curado, melhor sua mediunidade será trabalhada e melhor serão os resultados de suas atividades mediúnicas. Como ferramentas recomendo meditação e leitura de temas que possam ajudá-lo nesta transformação, títulos como os da autora Louise Hay e estudo sobre o que é o efeito sombra.

Tome as rédeas de sua mediunidade, mas não a manipule para chamar a atenção ou suprir suas carências; não troque um problema por outro, trabalhe a mediunidade para se tornar um ser humano melhor e uma pessoa em busca da maturidade.

Mitos sobre a Incorporação na Umbanda

A Umbanda não possui dogmas, mitos nem tabus; tudo deve ser explicado de forma clara. Mas ainda é possível ouvir disparates sobre Umbanda e sua mediunidade, dentro e fora dos terreiros umbandistas.

Desenvolver sua mediunidade não vai resolver todos os seus problemas. Todos temos contratempos e dificuldades a serem vencidos. Querer desenvolver a mediunidade para que os seus problemas se resolvam é trocar o efeito pela causa, pois a razão maior para se desenvolver deve ser a vontade de aprender a lidar com o dom e se tornar um ser humano melhor, e o efeito ou resultado é que se tornando uma pessoa melhor a vida melhora. Isso quer dizer que você muda por dentro e sua vida se altera também, mas muitos não querem ter o trabalho de mudar a si mesmos, de se lapidarem, de crescer, evoluir e vencer seus vícios e dificuldades, e ainda assim querem que a vida mude, simplesmente porque estão desenvolvendo sua mediunidade. Todos encarnam para resolver problemas e dificuldades, o que quer dizer que todos encarnam para aprender algo nesta vida.

Seu esforço em se tornar alguém melhor cria o que se chama de merecimento, que vai ao encontro de suas necessidades à medida que você cresce com os empecilhos. Muitas vezes os médiuns querem que a Umbanda retire de suas vidas justamente as dificuldades que ali estão para fazê-lo crescer, dentro do sentido da vida e do campo de atuação em que tem necessidade. Tanto é verdade que, na maioria das vezes, foi o próprio médium que com suas limitações e atribulações internas criou para si mesmo as dificuldades pelas quais está passando na vida. Dificuldades externas são um reflexo das dificuldades internas.

Não adianta querer que um guia espiritual lhe arrume um amor perfeito e ideal se você não é uma pessoa perfeita e ideal. Cada um atrai para sua vida algo que lhe tem afinidade e correspondência. Antes de querer um amor perfeito é preciso vencer as carências, inseguranças, e não projetar seus medos e vícios comportamentais no outro. Amor perfeito é um amor livre, que não prende o outro, é o amor de quem ama mais a felicidade e a liberdade do outro que seus próprios apegos e paixão.

Não adianta querer que os espíritos ou os Orixás lhe arrumem o melhor emprego que há, se você não se preparou para isso ou se não sabe conviver com as pessoas com quem trabalha. Não adianta reclamar das pessoas de seu convívio, de seus familiares ou de um superior a você em seu ambiente de trabalho; antes, é preciso aprender a conviver com as pessoas e crescer com elas e suas dificuldades. Lembre-se, os defeitos que vemos nos outros são os mesmos que nós carregamos, e o que mais nos incomoda é exatamente o que tentamos esconder em nós mesmos.

Ao desenvolver sua mediunidade em um terreiro você não fica preso para sempre nesse terreiro, e da mesma forma não fica preso na Umbanda. Frequentar a Umbanda e desenvolver sua mediunidade não são caminhos sem volta, como dizem algumas pessoas mal informadas e ignorantes. Frequentar a Umbanda e desenvolver sua mediunidade fazem parte de seu livre-arbítrio. Se este não for o seu caminho, você tem toda a liberdade de escolher outro. Ninguém pode lhe podar de seu livre-arbítrio, de sua liberdade, quem lhe deu foi Deus, e é tão sagrado que nem Deus lhe tira.

Dizem que "se você desenvolver sua mediunidade na Umbanda, não terá mais paz na sua vida e que terá de servir os guias para sempre", "se não desenvolver sua mediunidade, sua vida não vai para a frente", "se abandonar o terreiro, seus guias vão ficar presos", "se entrar para a Umbanda, terá de fazer um pacto", etc.

Existe um fato: você tem mediunidade de incorporação e portanto é muito sensitivo. Isso não é um castigo, nem um fardo ou carma negativo. Essa mediunidade é simplesmente um dom que você deve conhecer e aprender a lidar com ele. Ter um dom e não saber o que fazer com ele é o que pode atrapalhar nossa vida. Atrapalha nossa vida sentir coisas, mediunicamente falando, e não saber o que fazer com isso, o que está muito distante das afirmações anteriores. Sem culpa, sem medo, sem pressão e sem traumas, faça sua escolha: aprenda a trabalhar este dom na Umbanda ou aprenda a lidar com este dom de outra forma. Uma vez desenvolvida a mediunidade, você não é escravo dela, simplesmente porque tem hora e local para realizar suas atividades mediúnicas, e você deve aprender a lidar com o que sente e ter as rédeas desse dom em suas mãos.

Também pode acontecer de entrar em um grupo despreparado para cuidar de sua mediunidade. Aquele terreiro, médium ou guia que cuidam de sua mediunidade devem saber o que estão fazendo e ter: experiência, maturidade, clareza e verdade. Exatamente por isso é que é importante passar por uma educação mediúnica e não apenas aprender a incorporar espíritos.

Por que Desenvolver a Incorporação na Umbanda?

O médium, muitas vezes, pensa que está ficando louco ou doente. É possível que antes de desenvolver sua mediunidade tenha passado por médicos e terapeutas, até que alguém lhe sugere a possibilidade de que seus sintomas façam parte de uma mediunidade de incorporação mal trabalhada ou desconhecida.

Que fique bem claro uma diferença factual e determinante entre loucura e mediunidade: a loucura não tem hora nem lugar para se manifestar; a loucura não tem um sentido de ser e não pode dar um sentido para sua vida. A mediunidade manifesta-se dentro de um sentido, seus efeitos têm causas que podem ser conhecidas e estudadas, e uma vez que é lapidada, essa mediunidade passa a ter hora e lugar para se manifestar. Essa mediunidade não é loucura e da mesma forma não é um castigo, não é um carma negativo, não é resultado de pecados cometidos nem uma escravidão ou obrigação de servir algo ou alguém.

Encontrar um bom local para se desenvolver é outra dificuldade. É comum a pessoa sentir que tem algo para resolver em sua mediunidade, saber que sente "coisas", que tem "ataques" e outros sintomas. Logo aparecem amigos, parentes e conhecidos para dar palpites e dizer o que você precisa fazer: ir a uma igreja, um centro espírita, uma roça de Candomblé, se benzer, ir a uma Tenda de Umbanda e até passar por um exorcismo católico.

E lá vamos nós. Mesmo sem saber nosso coração já estava na Umbanda; antes de encarnar, muitos de nós já nascemos com esta missão e este direcionamento. Mas, se não conhecemos a Umbanda, sabemos apenas que temos algo para resolver com a mediunidade e vamos procurando um local que possa nos ajudar a entender o que nos acontece. É muito comum médiuns que possuem o dom da incorporação passarem por centros espíritas, que seguem a doutrina de Kardec, e serem identificados como médiuns de Umbanda, principalmente se esse médium incorporar um Caboclo, Preto-Velho, Exu ou Pomba-Gira numa das sessões espíritas. Vão lhe dizer: "seu lugar não é aqui, seu lugar é na Umbanda, você é médium de Umbanda". Da mesma forma, é comum se iniciar no Candomblé e, com o tempo, sentir que não era bem essa prática que queria realizar, mas que seu amor pelos Orixás é algo muito vivo e forte. Sem saber explicar ao certo, já existe uma identificação com a Umbanda que pode ser ainda uma desconhecida para você. Muitos médiuns de Umbanda já passaram por várias religiões antes de chegar aqui. Alguns médiuns inclusive tinham preconceito com a Umbanda antes de conhecê-la e a procuraram como último recurso; no entanto, se surpreenderam ao verificar que a Umbanda é uma religião linda, encantadora e que pratica apenas o bem.

Mas também pode acontecer de você ter experiências negativas na Umbanda, passar por terreiros que não eram de Umbanda de fato. Em todo lugar tem gente mal-intencionada e a Umbanda não está livre de embusteiros, charlatões e canalhas. É muito triste fazer parte de um grupo e, aos poucos, descobrir que ali não se pratica apenas o bem. Muitos usam o nome da Umbanda para enganar e aplicar golpes. Todos os dias vemos anúncios de amarração e outros trabalhos pagos de magia negativa para prejudicar o próximo em nome de guias da Umbanda, como Cigano, Exu, Caboclo, Preto-Velho, etc. Mas isto não é Umbanda. Umbanda não faz trabalhos pagos, não separa casais e não prejudica a quem quer que seja. Se estão lhe pressionando, mentindo, enganando, e ainda levando seu dinheiro, afaste-se, isto não é Umbanda! Nossas carências muitas vezes nos levam a entrar em uma roubada como estas e, às vezes, permanecer nela. A Umbanda, ao contrário, nos ensina a crescer e vencer essas carências, não alimenta nossa dependência espiritual ou emocional.

Acima de tudo, tomamos a decisão de desenvolver a mediunidade de incorporação na Umbanda por sentir grande afinidade com os guias da religião (Caboclo, Preto-Velho, Criança, Exu, Pombagira, Baiano, Boiadeiro, Marinheiro, Cigano, etc.) e com seu ritual. Decidimos nos desenvolver na religião de Umbanda porque o nosso coração bate mais forte quando estamos num ambiente de Umbanda. É uma escolha que deve ser feita pelo coração e não pela cabeça, pois a cabeça é muito racional e muitas vezes nos engana. A escolha é feita pelo coração quando não sabemos explicar por que queremos a Umbanda, simplesmente sentimos que fazemos parte desta religião, de uma forma inexplicável.

Por que Desenvolver a Incorporação?

Dizem que devemos desenvolver a mediunidade de incorporação na Umbanda porque nossos guias precisam de nós para evoluir. Dizem que precisamos desenvolver porque é nosso carma. Dizem que precisamos desenvolver porque fizemos um pacto antes de encarnar. Dizem que devemos desenvolver para fazer a caridade.

A melhor e mais importante razão para desenvolver nossa mediunidade na Umbanda é ter este contato diário, constante e permanente com nossos guias espirituais. Desenvolver nossa mediunidade e ter esse contato com a espiritualidade podem dar um sentido de ser para as nossas vidas. Nossos guias nos amam, são nossa família espiritual. Antes de encarnarmos estávamos em algum lugar, nós viemos de outra realidade e, por meio da mediunidade, entramos em contato com essa realidade que pode ser chamada de céu, mundo astral, orum, aruanda, etc. Entramos em contato com aqueles que nos amam e querem o nosso bem.

Nascer é como morrer; antes de nascer estávamos em outro plano, junto de outras pessoas como uma família, e para nascer aqui tivemos de morrer do lado de lá. Tivemos de nos desligar, cortar e abandonar todas as nossas atividades e até alguns laços de relacionamento e amizade. Algo que pode ser comparado com uma viagem: quando um parente vai fazer uma viagem longa e ficar muito tempo distante, é uma morte temporária. A família quer saber como esse parente está e se pode fazer algo para ajudar em sua nova casa, nesta nova realidade. Nossa família espiritual quer saber em que condição chegamos a este mundo, em qual família estamos, em qual lar vamos nos desenvolver, quais as nossas condições físicas, emocionais e culturais. Tudo isso nossa família espiritual quer saber e quer nos ajudar em nossas dificuldades, nos orientar e amparar quando for possível e necessário. Dessa família espiritual apenas alguns têm condição, licença e autorização para vir nos ajudar: estes são nossos guias espirituais. Eles nos amam da mesma forma ou mais até que nossa família carnal.

Creio que é um bom motivo para desenvolver nossa mediunidade na Umbanda conhecer e conviver com nossa família espiritual, poder contar com sua presença, amparo e apoio em nossas vidas. Nem sempre ela pode mudar o curso de nossas vidas, nem sempre pode tirar as pedras de nosso caminho, não pode interferir em nosso livre-arbítrio. Mas fica feliz com nossas alegrias e triste por nossas dores, e sempre está pronta a ajudar quando nós damos condições para isso.

Mesmo quando nossos guias estão atendendo outras pessoas, nós somos os primeiros beneficiados de seu trabalho.

Desenvolvimento e Educação Mediúnica

Alguns anos atrás li um texto, psicografado por Rubens Saraceni, o qual afirmava que o desenvolvimento mediúnico é o período mais delicado da vida de um médium, que este deveria ser bem recebido por um grupo preparado para tal e que qualquer conflito emocional mal resolvido durante esse momento poderia criar traumas e afastar o novo adepto da religião, de tal forma que poderia inclusive passar a ter aversão por tudo o que se refira a trabalho mediúnico ou Umbanda em geral. Quanto mais os anos passam, mais convicto vou me sentindo com relação a esta afirmação. Mais e mais vou verificando o quanto estamos, ainda, despreparados para receber, doutrinar e desenvolver aqueles que desejam iniciar-se nos mistérios da Umbanda, conhecer melhor seus guias espirituais e ter a oportunidade de trabalhar a mediunidade de incorporação.

Neste campo, é inevitável uma comparação com o Espiritismo de Allan Kardec no Brasil, que, há décadas, por meio de seus líderes, criou os tão conhecidos cursos de mediunidade, nos quais se leva anos estudando teoricamente antes de pensar em qualquer prática mediúnica. Já em boa parte dos terreiros de Umbanda, o novo médium, logo que é convidado ou aceito para desenvolver-se, já é colocado para concentrar-se, ou girar, com o intuito de incorporar "de cara" seus guias espirituais, sem nenhum preparo emocional ou embasamento teórico. Para a religião de Umbanda, o ideal seria um meio-termo entre estas duas realidades. Somos muitos que, há vários anos, estamos falando da necessidade de criar um ambiente adequado para o bom desenvolvimento mediúnico, com atenção e disponibilidade para dar o devido amparo aos novos adeptos que chegam à Umbanda. Cada vez mais vemos grupos de desenvolvimento se formando nos terreiros de Umbanda, dirigentes e sacerdotes se preparando melhor para dar o devido esteio e suporte aos seus médiuns. Ainda assim, deparamo-nos com as limitações humanas que, por alguma razão, parecem impossibilitar muitos templos de Umbanda de criar espaço e ambiente dedicados aos novos médiuns que gostariam de adentrar na corrente espiritual. Por anos, acompanhamos o trabalho de Rubens Saraceni incentivando a criação de "Escolas de Desenvolvimento Mediúnico Umbandista", para ajudar tantos médiuns que desejam conhecer melhor seus guias, trabalhar com a espiritualidade e receber o amparo necessário para um desenvolvimento mediúnico tranquilo e o menos traumático possível.

Desenvolver a mediunidade sempre traz à tona conflitos emocionais e existenciais que podem atravancar o desabrochar do dom mediúnico de incorporação. Participar de um grupo de desenvolvimento em uma Escola ou Colégio de Umbanda é, antes de mais nada, chegar a um ambiente adequado e propício para aflorar os dons mediúnicos, em geral, e a mediunidade de incorporação, em específico. Antes mesmo que seja incentivada a prática de incorporação, o novo médium precisa receber uma carga de informações que venham a ambientá-lo. É preciso saber como se comportar nesse novo ambiente, como reagir nesse contexto, ter um preparo emocional para lidar com as dificuldades internas e externas relacionadas a um dom de transcendência em que nos tornamos um meio de ligação entre dois mundos. É preciso, durante o processo, aprender a lidar não apenas com suas emoções, mas também com as diversas energias que passamos a sentir, como se limpar, se descarregar, se proteger e identificar o que vem de dentro e o que vem de fora e deve ser encaminhado a quem de direito.

Não apenas eu, mas muitos de nós há anos viemos nos empenhando para compreender as necessidades da religião neste sentido. A espiritualidade sempre nos revela novos métodos e técnicas para o aperfeiçoamento mediúnico e, em todos os sentidos, vemos que não basta apenas incorporar espíritos, é necessário uma "educação mediúnica". Aqueles que desejam trabalhar com espíritos, com seus guias e mentores, necessitam de disciplina além de um ambiente saudável. A religião de Umbanda possui métodos e regras bem delineados por seu ritual, doutrina, teologia e liturgia; médiuns e guias devem seguir o mesmo direcionamento, cada tenda/centro/terreiro/templo possui também normas internas que devem ser respeitadas por médiuns e guias espirituais. Ao mesmo tempo que cada grupo tem seus "fundamentos" particulares, eles não devem conflitar com os fundamentos maiores e básicos da religião de Umbanda. Para uma vida mediúnica saudável, é fundamental quebrar certos dogmas, tabus, preconceitos e libertar-se da opressão de determinados paradigmas e conceitos que mais atrapalham e nada ajudam àqueles que querem saúde mediúnica.

O desenvolvimento mediúnico está diretamente relacionado à qualidade de vida. Trabalhar mediunicamente de forma saudável deve, invariavelmente, tornar o médium uma pessoa melhor, mais tranquila, ponderada e controlada sob o aspecto racional, emocional e, claro, mediúnico. Somos corpo, mente, espírito e emoções, muitas emoções, e tudo isso junto e misturado com nossas expectativas existenciais, crises, angústias e mais um campo aberto às influências do mundo espiritual. Muitas vezes ficamos à mercê de situações e circunstâncias, sentimos como se perdêssemos as rédeas de nossas vidas, ficamos desamparados, com o sentimento de solidão existencial, sem saber que existe, sempre, uma família espiritual que nos ampara, e que desenvolver a mediunidade é, também, abrir um campo de comunicação com essa nossa família maior e eterna.

Há muitos anos, venho recebendo médiuns que desejam desenvolver sua mediunidade e os tenho preparado em ambiente interno, como em muitos outros terreiros, formando grupos para os cursos de "Educação e Desenvolvimento Mediúnico". Em todos os grupos, para evitar conflitos, aceitava apenas médiuns que não estivessem frequentando nenhum terreiro. Conversando com meu amigo, mestre e Pai Rubens Saraceni, entendi a importância de receber no desenvolvimento mediúnico, também, médiuns que já fazem parte de outras casas, pois existem várias dificuldades que impedem alguns dirigentes de conseguir dedicar-se ou criar o ambiente para esse mesmo desenvolvimento mediúnico. Da mesma forma, veio do astral a ordem para assim proceder, criando a possibilidade de ajudar muitos terreiros que podem encaminhar ou recomendá-lo a seus médiuns. Com este enfoque, podemos observar a importância de bons cursos de desenvolvimento mediúnico, que venham a ajudar a sanar as necessidades mais urgentes dentro da religião de Umbanda e que não substituem os anos de aprendizado e dedicação que vão fazer ou já fazem parte da vida de todos que pretendem trabalhar como médiuns de Umbanda. Por algumas vezes, citei o Mestre Rubens Saraceni neste texto e agora lhe faço ainda um agradecimento, que não é apenas meu, mas de milhares de médiuns que receberam sua orientação e direcionamento, por sua incansável dedicação a esta religião, sua vontade inquebrantável de colaborar para que no futuro a Umbanda seja uma religião mais bem preparada e mais respeitada na matéria, assim como é no astral.

Onde Desenvolver a Incorporação na Umbanda?

Hoje em dia, na Umbanda, sua mediunidade pode ser desenvolvida em três ambientes diversos: em casa, no templo ou num curso. Nem sempre esta separação é tão clara, pois o templo pode estar dentro da residência do sacerdote e o curso de desenvolvimento geralmente acontece dentro de um Templo de Umbanda.

Em casa: é muito comum médiuns que já passaram por terreiros, ou não, trabalharem mediunicamente sozinhos atendendo em suas residências de forma bem particular com suas entidades. Às vezes, trabalham apenas com um cambone (um ajudante) e, em outras, acabam por aceitar desenvolver a mediunidade desse cambone, de um conhecido ou de um parente. Na Umbanda não existe problema em desenvolver a mediunidade com um parente consanguíneo; no Candomblé é comum um dogma ou tabu de que um parente não pode cuidar de outro parente no ambiente de terreiro. Um marido não pode ser o sacerdote que cuida de sua mulher e vice-versa, e em alguns casos os pais evitam iniciar os filhos carnais. Mas isto não é Umbanda, certo? Umbanda não tem dogma nem tabu e não existe uma explicação racional para um parente ser interditado de desenvolver o outro. Dizer que a relação de um sacerdote com um médium é um relacionamento de pai ou mãe para filho e que se relacionar com ele é incesto não tem sentido na Umbanda. Ninguém é mais indicado para desenvolver sua mediunidade do que a pessoa que o ama; no entanto, o médium que está se desenvolvendo precisa saber separar a figura do sacerdote da figura de seu parente e não confundir este com seus guias espirituais. Em resumo: você pode-se desenvolver com um parente, até com sua mulher ou marido, mas ambos devem ter muito bom senso, ética e respeito para não trazer problemas domésticos para o ambiente sagrado e divino do templo. Mesmo que esteja trabalhando ou se desenvolvendo num dos cômodos de uma residência, naquele momento, esse local se torna um templo do ponto de vista espiritual e metafórico, mesmo que não tenha um estrutura física de templo. Esse é o ambiente mais intimista e pessoal, no qual terá mais atenção e tempo para seu desenvolvimento; no entanto, é possível sentir falta do ritual e da estrutura de um templo. O ponto forte é sentir que você tem todo o tempo do mundo com as entidades que fazem seu desenvolvimento, e o ponto fraco é sentir falta de conhecer mais a fundo uma estrutura de templo e conviver com outros médiuns que passam ou passaram pela mesma experiência que você.

No terreiro: infelizmente, pode ser uma dificuldade encontrar um bom Templo de Umbanda para realizar seu desenvolvimento mediúnico. Alguns conselhos, simples, podem ajudar: procure uma casa (templo, tenda, centro, núcleo, terreiro, etc.) que não cobre para realizar os atendimentos espirituais e que o dirigente não cobre para realizar trabalhos de limpeza e descarrego à parte dos atendimentos normais. Antes de aceitar fazer parte de uma corrente mediúnica, fazer parte de um templo, visite esse terreiro algumas vezes e procure participar (tomar passe e consulta) em uma gira de Crianças e outra de Esquerda (Exu e Pomba-Gira) antes de aceitar fazer parte dessa casa, pois se houver algo de errado é nestas duas giras que se costuma perceber. Não tenha pressa nem ansiedade para fazer parte desse templo, não se deixe impressionar pelo ambiente nem tenha expectativas de se tornar alguém poderoso. A mediunidade antes de tudo é trabalho e demanda tempo e muita dedicação para ser bem trabalhada. Veja se esse terreiro tem um dia dedicado para o desenvolvimento mediúnico, se esta casa permite que seus médiuns estudem e, por fim, o mais importante: sinta em seu coração se este é o seu lugar. Mesmo que lhe digam que precisa começar seu desenvolvimento mediúnico imediatamente, assegure-se de que é possível se sentir em casa neste templo, frequente por algum tempo, alguns meses, conheça a rotina deste templo, deixe que as pessoas lhe percebam e sinta sua afinidade com elas. Conheça melhor o dirigente espiritual (sacerdote) e aqueles que lhe são próximos, tenha certeza de que existe afinidade com esse sacerdote e sua forma de lidar com a espiritualidade. Nesse período não seja pedante, curioso demais, nem intrometido, apenas frequente e observe, não se preocupe se está sendo notado ou não pelos encarnados; quem cuida realmente do templo são os guias e Orixás.

Caso aceite e deseje fazer parte desse templo, mais uma vez, procure ir com calma, sem pressa, sem ansiedade, não queira chamar a atenção de forma desnecessária. Não idealize o sacerdote e os outros médiuns como pessoas santas ou iluminadas, pois são todos seres humanos comuns como você, com as mesmas dificuldades, vícios e desequilíbrios. Não se comporte de maneira mimada, evite ficar tomando tempo do sacerdote com assuntos frívolos, como falar de seus sonhos. Não pense que o sacerdote ou seus guias devem resolver todos os seus problemas ou que sua vida deve mudar da àgua para o vinho simplesmente porque iniciou seu desenvolvimento mediúnico. Entenda que, além de sua mediunidade, você deve aprender a conviver com essas pessoas e que os demais não estão ali para servi-lo. Você não está fazendo favor a ninguém por desenvolver sua mediunidade, pelo contrário, sinta-se grato por ter um templo de confiança para desenvolver sua mediunidade. Manifeste sua gratidão com respeito, colaborando, participando e se comprometendo com o trabalho que é realizado neste templo.

Num curso: alguns templos e federações de Umbanda, como o Primado de Umbanda, criaram cursos internos exclusivamente para aqueles que desejavam fazer parte de seus templos, tornando-se seus filiados ("filhos espirituais" ou "filhos de santo"). A Federação Umbandista do Grande ABC (FUGABC), por meio de seu presidente Pai Ronaldo Linares, deu início na década de 1970 a um "Curso de Médiuns Umbandista" que logo evoluiu para o tradicional Curso de Sacerdócio, realizado com o apoio de Zélio de Moraes e suas filhas Zélia e Zilméia. Pai Ronaldo explica que na época o que se fazia era reunir e compartilhar as poucas informações que havia sobre a religião de Umbanda, e pela necessidade desse conhecimento é que foi procurar e conhecer Zélio de Moraes. Pai Ronaldo acreditava que, se conhecesse o primeiro umbandista, encontraria as respostas que tanto ansiava para finalmente chegar aos fundamentos do ritual da religião. Zélio afirmou em vida que Pai Ronaldo é quem tornaria seu trabalho conhecido e ficou muito satisfeito pela iniciativa de um curso para ensinar sobre a Umbanda.

O primeiro curso livre, aberto, de desenvolvimento mediúnico e incorporação umbandista, "Curso de Médiuns Umbandista", foi idealizado por Rubens Saraceni, que recebeu do astral a missão e a incumbência de criar na matéria uma "Escola de Desenvolvimento Mediúnico Umbandista": o "Colégio de Umbanda Sagrada Pai Benedito de Aruanda", nos moldes dos Colégios que existem no astral, no qual se ministram cursos de "Desenvolvimento Mediúnico Umbandista", "Sacerdócio Umbandista" e "Magia Divina". O que caracteriza um curso livre e aberto de desenvolvimento mediúnico umbandista é o fato de que todos podem se inscrever e participar, independentemente de frequentarem ou não outro templo, saberem ou não se são médiuns de incorporação de fato, ter a intenção ou não de se filiar como médium a esse Colégio de Umbanda (Templo Escola). Foi uma iniciativa inovadora na Umbanda. É comum no Espiritismo os Cursos de Médiuns que dão bons resultados para aquele seguimento, mas que não têm a dinâmica da religião de Umbanda. Um curso de desenvolvimento não é apenas para o médium "aprender" a incorporar, mas um curso em que terá aulas teóricas e práticas para entender o que está acontecendo com sua mediunidade e saber como lidar com isso de uma forma racional. As vantagens de frequentar um curso de desenvolvimento são: estar dentro de uma estrutura que se propõe a responder a seus questionamentos sobre sua mediunidade ao mesmo tempo que vai desenvolvendo-a; desenvolver-se dentro de um grupo no qual muitas pessoas estão passando pela mesma experiência; poder frequentar o desenvolvimento mesmo que já seja médium desenvolvido ou não em outro templo; sentir-se mais a vontade para desenvolver e receber seus guias por se tratar de um ambiente menos intimista e no qual são aplicados métodos e práticas comuns em que todos estão envolvidos com sua própria mediunidade e menos interessados no que acontece com a mediunidade alheia. O curso de desenvolvimento mediúnico umbandista costuma ser realizado em um Templo Escola de Umbanda Sagrada. Paralelamente ao curso de desenvolvimento mediúnico umbandista, recomendo que estude, também, a Teologia de Umbanda Sagrada e a Magia Divina, para ter mais profundidade teórica e conhecimento dos fundamentos da religião e aprender como se limpar e descarregar as cargas de energias negativas em si mesmo e nos outros. Ao concluir seu desenvolvimento mediúnico, recomendo ao médium que se inscreva no Sacerdócio Umbandista, independentemente de ter a missão ou não de ser um dirigente espiritual e abrir um templo, para conhecer melhor e aprofundar-se nas questões ritualísticas e litúrgicas da religião, conhecendo na prática e iniciando-se em mistérios que serão como ferramentas para o seu trabalho mediúnico, que é em si um sacerdócio, pois cada um de nós, médiuns umbandistas, é um templo vivo da religião de Umbanda, no qual se manifesta o sagrado e o divino por meio de nossos guias e Orixás. Antes de participar de um curso de desenvolvimento mediúnico, certifique-se de que seu ministrante é um sacerdote de Umbanda Sagrada que foi preparado para isso e possui uma metodologia para conduzir com tranquilidade e conhecimento de causa o seu desenvolvimento. Procure saber se há trabalhos (giras ou sessões) de atendimento espiritual gratuito nesse templo e visite para conhecer o trabalho mediúnico desse sacerdote de Umbanda. E, por fim, certifique-se de que o que se ensina está fundamentado na Umbanda e não no Espiritismo, Candomblé ou outras práticas religiosas.

Desenvolvimento do Veículo Mediúnico

A maioria de nós tem mediunidade semiconsciente. Assim, necessitamos de um processo conhecido como desenvolvimento mediúnico. É nesse desenvolvimento que iremos aprender a dar a passividade necessária para que os espíritos possam se comunicar, por meio de nossa matéria. O desenvolvimento lembra muito uma autoescola em que o veículo é nosso corpo, nossa matéria. Aqui no caso não iremos aprender a dirigir um carro, vamos aprender a emprestar "nosso carro" para que outro dirija.

Pense o quanto lhe é difícil emprestar seu carro para seu irmão, sua irmã, seu pai. Aquele carro que você passou todo o fim de semana limpando e dando brilho. Não é difícil? Até carro com seguro é difícil emprestar.

Muito mais difícil é emprestar seu corpo físico. Nascemos dentro deste "carro", vemos a vida por sua janela, locomovemo-nos com esse carro, nossos cinco sentidos se manifestam nesse carro, por faculdades e órgãos que esse veículo nos proporciona... Mais do que isso: não acreditamos que outra pessoa possa dirigir esse carro. Esta é a primeira barreira a ser vencida. Acreditar que outra pessoa pode dirigir esse carro, esse veículo mediúnico.

Ao chegar a um terreiro de Umbanda, muitos de nós ouvimos esta afirmação:

– "Filho, você é cavalo!!!"

Eu, quando ouvi isso na minha primeira consulta com Preto-Velho, pensei: "cavalo???"

Ao perceber meu estranhamento, o Preto-Velho chamou o cambone, que me explicou: "Ele quer dizer que você é médium!"

Ah... **cavalo é médium**!!!

Cavalo é veículo, não precisou de maiores explicações; se ele é o guia e eu o cavalo, quer dizer que incorporar é deixar que a entidade me guie. Muito simples de explicar. Difícil de realizar, pois somos "Cavalo Selvagem". Precisamos ser "domados", "educados", "doutrinados", para nos tornarmos um cavalo que sirva bem a seu condutor/guia.

Como mencionamos, uma das formas de pensar esta educação, este desenvolvimento mediúnico, é compararmos nossa matéria, aparelho, a um carro, um veículo automotor. A primeira lição que aprendemos é que outra pessoa pode dirigir esse carro, mas como isso funciona?

Pense naquele carro de autoescola (americana) que tem dois volantes e pedais dos dois lados. Agora, lembre-se do desenvolvimento, quando começamos a sentir aqueles "trancos" e "trimeliques"... Lembrou? É aí que o guia está mostrando que mais alguém pode dirigir seu veículo; podemos dizer: "ele está sentado no bando ao lado pisando no freio", para mostrar que, a um convite seu e com a sua passividade, ele poderá dirigir esse carro.

Daí para a frente é começar a soltar o "volante" para que ele possa dirigir. E, conforme você vai se soltando, ele vai assumindo a condução. Enquanto vai por uma rua tranquila, tudo bem, mas chegando a uma curva, a uma lombada ou mesmo a uma ladeira, nos assustamos e retomamos a condução, fazemos questão de pegar o volante, pois ainda não temos segurança, não confiamos completamente na entidade/guia, por não sabermos que ele dirige muito melhor do que nós...

Este é o período de desenvolvimento em que o médium não sabe se é ele ou se é o guia quem está dirigindo. Se não for bem orientado, pode até acreditar estar mistificando, o que não é verdade. Ali no desenvolvimento estão dois "mentais" presentes na condução do veículo, num momento um conduz, noutro o outro conduz. Desenvolver é aprender a entregar a condução, para a grande maioria de nós essa entrega é consciente. O que o médium tem a aprender é dar passividade para a entidade trabalhar. Temos aqui duas palavras-chave para o desenvolvimento da mediunidade: **CONFIANÇA** na entidade que está manifestando e muita **HUMILDADE** para não se iludir em estar adquirindo poderes sobrenaturais e para não pensar que seu guia é o melhor de todos. Não achar que seu Caboclo é o **GRANDE CACIQUE E PAJÉ FAZ-TUDO DAS SETE LINHAS, CABEÇA DE LEGIÃO AO QUAL TODOS DEVEM SE SUBORDINAR,** "por não saberem com quem estão falando".

INCORPORAÇÃO MEDIÚNICA É PARCERIA E DEPENDE DA CONFIANÇA DE AMBAS AS PARTES PARA ACONTECER!!!

Saiba que receberá entidades que têm o mesmo valor de todas as outras e que seu guia, com certeza, acatará e aceitará as normas da Casa de Luz que o recebeu de braços abertos, não indo contra o que é corrente e aceito dentro daquela Casa.

Tomando estes cuidados e confiando, o médium está pronto para deixar o carro ser conduzido pela entidade. Este processo lembra ainda o período em que um adestrador e guia leva para domar seu cavalo que, por nunca ter sido montado e viver em liberdade, é chamado de selvagem. Domado, o cavalo está pronto a ser montado. Muitos se referem ao médium como aparelho manipulado pela entidade. Importante é darmos a passividade. Chega um ponto em que deixamos até de prestar muita atenção ao que acontece, relaxando e desligando um pouco da paisagem, simplesmente deixando que o guia nos leve.

Incorporação: Dificuldades no Desenvolvimento

Ao encontrar um bom templo ou mesmo um bom curso para seu desenvolvimento mediúnico na Umbanda, agora, uma das dificuldades é se sentir bem e à vontade para realizar um bom desenvolvimento mediúnico. Um ambiente de fofoca, de muita falação e desordem pode deixar o médium tenso e pouco confortável para incorporar seus guias espirituais. A preocupação de ser aceito nesse grupo pode ser uma nova dificuldade a ser enfrentada. Esse é um momento delicado e exige muito tato e sensibilidade do grupo que está recebendo esse médium para realizar seu desenvolvimento.

Uma das maiores dificuldades para o médium de incorporação é não acreditar que pode incorporar ou que está incorporado. Muitos não conseguem se desenvolver mediunicamente, não conseguem incorporar porque não acreditam que vão se desenvolver, que podem incorporar, e assim se autobloqueiam. Alguns têm a mediunidade de incorporação, mas ouviram alguém lhes dizer que não tem essa mediunidade e passaram a acreditar no que lhe falaram. A única maneira de descobrir e ter certeza é passando por um trabalho de desenvolvimento mediúnico. Alguns, logo que chegam a um terreiro, já vão logo incorporando, outros levam umas semanas participando de sessões (giras) de desenvolvimento antes de conseguir uma incorporação bruta (não lapidada ainda), e pode acontecer de levar meses e até anos para esse médium conseguir se desbloquear e incorporar. Pode-se levar tempo para se sentir seguro e tranquilo, a fim de desabrochar seu dom com tranquilidade. A grande maioria das pessoas que tem interesse na mediunidade de incorporação traz este dom adormecido, no entanto, muitas vão passar por várias dificuldades antes de conseguir uma incorporação satisfatória, que lhes permita trabalhar mediunicamente incorporando com desenvoltura.

As primeiras vezes em que um médium incorpora um espírito, na Umbanda, costumam ser rudes, duras, abruptas, geralmente são definido como algo forte. É uma incorporação bruta, que ainda não foi lapidada; o médium não sabe bem o que está acontecendo com ele e incorpora uma entidade num momento que pode ser de conflito e dúvida. O guia espiritual, a entidade, desse médium, para conseguir incorporar as primeiras vezes, também irá realizar um grande esforço. Essa entidade vai reunir uma grande quantidade de energia para vencer os bloqueios e dificuldades desse médium, bloqueios emocionais e dificuldades mediúnicas. Depois de algum tempo, a tendência é essa incorporação se tornar algo um pouco mais sutil, o que é normal. Mas isto não é necessariamente uma regra; há médiuns que mesmo nas primeiras vezes que incorporam têm um transe suave e tranquilo.

Para muitos, o mais difícil é ter a sua primeira manifestação mediúnica; geralmente o desenvolvimento é feito com a presença de um guia-chefe dentro de um templo de Umbanda. Esse guia vai ajudar na aproximação das entidades do médium em desenvolvimento. Nesse procedimento, com um ou mais caboclos em terra, os demais médiuns ou a curimba do terreiro cantam pontos de Caboclo, chamando em terra o Caboclo do médium que está se desenvolvendo. O Caboclo chefe e/ou os caboclos que têm autorização para ajudar no desenvolvimento vão ajudar aplicando passes, cortando influências negativas, transmitindo bons fluidos, rezando, cantando e criando um ambiente favorável para essa incorporação. Em alguns casos, pode acontecer de as entidades em terra incentivarem este médium a girar em seu próprio eixo, rodando de olhos fechados de forma que fique um pouco tonto. Isto pode ajudar o médium a desprender sua atenção da realidade e se entregar com maior facilidade. Mas o ato de girar o médium deve ser feito com cuidado, para que esse médium não caia e se machuque. Rodar muito rápido pode atrapalhar, fazendo com que ele passe mal. Nem todos os médiuns se sentem bem rodando, de maneira que a técnica deve ser observada para cada um, se obtém resultado positivo. O ato de pôr esse médium para girar todas as vezes que for fazer a aproximação de seus guias pode criar um comportamento condicionado e vicioso, ou seja, esse médium pode ficar sugestionado a apenas incorporar se estiver rodando antes.

Nesse período que antecede as primeiras incorporações, é importante o médium sentir as energias e vibrações que estão lhe envolvendo, sentir a aproximação de seu guia espiritual, o que costuma ser feito de olhos fechados. Nesta condição, esses médiuns podem sentir algo parecido com espasmos musculares, movimentos involuntários ou mesmo sentir todo o seu corpo ficando rígido.

Estes são esforços para que o médium consiga sua primeira manifestação mediúnica. Ainda com os olhos fechados, muitas vezes, ao sentir a aproximação de seu guia espiritual, esse médium pode ficar tenso, nervoso, transpirar e sentir todo o seu corpo enrijecendo. Rodar o médium, um pouco e com cuidado, é uma forma de quebrar esse padrão de enrijecer o corpo. A música ajuda o médium a se concentrar em seu guia e parar de pensar um pouco, aliviando a tensão. Quando esse médium consegue enfim relaxar um pouco mais e aliviar a tensão na hora em que seu guia faz a aproximação, pode acontecer sua primeira incorporação. A primeira incorporação é sempre uma alegria; nesse momento o médium sente a força, a energia e a vibração de seu guia espiritual em maior intensidade.

Incorporação: Insegurança e Conflitos

Entre as primeiras incorporações e uma incorporação segura, realizada com maturidade, costuma existir um caminho a ser percorrido. Um caminho de inseguranças e conflitos, de dúvidas e medos, um caminho que quase todos os médiuns percorrem.

Como já disse, médium pode incorporar logo que pisa em um Templo de Umbanda ou precisar de semanas e até meses para ter uma primeira manifestação de incorporação.

O primeiro esforço quando esse médium começa a incorporar é permanecer incorporado durante um período que pode variar desde alguns minutos até cerca de uma hora. Nesse primeiro momento parece difícil permanecer incorporado, o esforço para incorporar pode ter sido grande e o médium pode acreditar que permanecer incorporado é ficar nesta energia de conflito e tensão que há no momento que entra em transe. É comum que o médium esteja de olhos fechados e comece a se questionar: o que está acontecendo? Se eu estou mesmo incorporado, por que ainda continuo aqui?

O primeiro conflito é questionar-se se você está mesmo incorporado; surge a pergunta: sou eu ou é o guia quem está fazendo estes movimentos? Este questionamento só costuma aparecer depois que o médium de fato está incorporado e revela algo muito bom sobre ele: não quer enganar ninguém nem a si mesmo. O questionamento é saudável até o ponto em que começa a atrapalhar e perturbar a mente do médium.

Uma das dificuldades durante o processo de desenvolvimento mediúnico é o ato de movimentar-se com desenvoltura, abrir os olhos e falar, quando já está incorporado. A música tocada nos terreiros ajuda na desenvoltura dos movimentos, para isso muitos guias se movimentam e dançam quando incorporados. Nesse período, estar incorporado de olhos abertos é sempre mais difícil que estar incorporado de olhos fechados. Perceber que mesmo incorporado você continua vendo e ouvindo tudo a seu redor aumenta o questionamento, daí a dificuldade. Costuma-se levar um tempo para que esse guia incorporado consiga falar por meio do médium ainda muito inseguro. Mesmo que não consiga falar, os guias começam a emitir sons e dizer coisas desconexas para soltar a voz e a garganta de seu médium, antes muito tenso. Por isso, também, vemos os Caboclos darem gritos, Baianos dizerem exê, oxê o tempo todo, Pretos-Velhos permanecerem rezando baixinho, etc. Começar a falar ainda é algo distante de incorporar e dar uma consulta, é preciso antes ter segurança e confiança para que as palavras ditas sejam da entidade espiritual e não do médium. Costumo dizer que, para o guia falar, é importante o médium aprender a silenciar. Cada período do desenvolvimento mediúnico é importante, marcante e único, como este em que o guia vai pronunciar as primeiras palavras incorporado. É todo um processo de aprendizado, educação e entrega pelo qual passa esse médium.

É muito comum, no começo do desenvolvimento mediúnico, o médium ter uma incorporação "forte", agressiva, suada, visceral, abrupta, tensa, nervosa e depois de algum tempo se tornar algo bem mais sutil e até tranquilo. Nestes casos, que não são raros, também é comum e quase sempre acontece de o médium pensar que antes não tinha dúvida de estar incorporado, mas agora começa a ter, pois se tornou algo tão sutil que nem parece estar incorporado. Às vezes, o médium chega a dizer que "seus guias estão fracos", algo que pode parecer engraçado e absurdo, afinal o guia não fica forte ou fraco e sim a forma como se sente sua incorporação que é mais suave e tranquila ou abrupta e tensa. Uma incorporação suave e tranquila não tem qualidade inferior a uma incorporação tensa. Pode haver uma grande entrega com uma manifestação intensa e ao mesmo tempo tranquila, o que revela a ausência dos conflitos iniciais do desenvolvimento. Isto é muito normal e absolutamente comum, e nesse momento também é normal e comum o médium passar por uma crise, achando que está tudo muito sutil e que nem parece estar incorporado. A melhor forma para passar por essa crise é perceber que, enquanto continuar questionando tudo, seu desenvolvimento mediúnico se estagna e a solução é parar de indagar e entregar-se. A chave para essa questão é a confiança, não há outro caminho. O médium deve sentir que só saberá onde esse desenvolvimento vai chegar se parar de questionar-se; no entanto, este processo pode ser curto ou longo, dependendo de como cada um encara a sua insegurança. Segurança demais pode atrapalhar, pois um pouco de crise faz parte de etapas, além de questionamentos saudáveis; insegurança demais também atrapalha paralisando o processo de desenvolvimento mediúnico. O médium vai aprender a conviver com o fenômeno, vai "pagar para ver". Nesse momento é que entra em xeque o quanto o médium quer realizar esse trabalho; o seu amor pela Umbanda e a vontade de trabalhar mediunicamente são fundamentais neste momento. Há algo a ser vencido: seus medos, o seu ego e sua insegurança. Podemos dizer sem medo de errar que esse processo é uma iniciação por si só. Nossos valores passam por um conflito, é como se precisassem morrer, para que de dentro de você nasça alguém com valores mais fortes. Nascer alguém de dentro de você com muito mais fé, nascer para este universo sagrado e morrer para o mundo profano. Quando a crise começa a passar, sentimos que estamos fazendo parte de algo muito maior, passamos a ser o templo vivo da espiritualidade, somos porta e instrumento para o sagrado. Por meio da incorporação, vamos viver experiências incríveis que, com o tempo, vão nos dar força e convicção da importância desse trabalho para nós e para quem nos cerca. Certo dia, ouvi um Baiano falar que esse momento era exatamente como a ponte da fé sobre o rio de dúvidas, incertezas e inseguranças. Apenas a sua fé pode fazê-lo atravessar esse rio, vale ou abismo. Aqui não adianta querer "ver para crêr", é preciso "crer para ver"; é preciso confiar, entregar-se e parar de questionar para ver aonde se pode chegar por meio da incorporação em seu modo mais comum: semiconsciente.

Com o tempo, o médium começa a observar na prática a diferença de qualidade na sua incorporação quando está bem e tranquilo e quando não está, a diferença de quando se alimentou de forma leve ou não, a diferença de quando está preocupado ou não, a diferença de quando tomou seu banho de ervas e firmou o anjo da guarda ou não. Vai perceber que se teve um dia agitado e tenso, isso atrapalha; vai começar a notar que quando está carregado de energia negativa, isso também atrapalha. A incorporação pode acontecer, no entanto, fica "suada", tensa, difícil, truncada, etc. Por ser algo prático, a incorporação permite ao médium verificar em si mesmo o resultado de um bom preparo anterior ao transe ou não, o médium começa a sentir e perceber melhor suas próprias energias e o que pode ajudar ou atrapalhar a incorporação. Antes que ele desenvolva essa percepção, os dirigentes dos templos costumam passar preceitos, para que evitem ingestão de carne, bebida alcoólica, sexo e situações de nervoso nas horas que antecedem o trabalho espiritual e a prática mediúnica.

Incorporação: Desequilíbrios e Vícios Comportamentais

Médiuns que vêm de outras religiões ou de outros templos (terreiros, centros, tendas, etc.), quando chegam à Umbanda ou quando chegam a determinado terreiro, trazem muitos vícios comportamentais e também seus dogmas, tabus e velhos paradigmas. Por exemplo: sabemos que no Espiritismo não se usa vela, nem fumo, muito menos bebida; esse médium, ao chegar à Umbanda, pode achar tudo isso um absurdo, pois está avaliando segundo valores de uma outra religião. O espírita não se utiliza de ritual simbólico, o que o faz demorar a entender o que é este universo mágico da Umbanda. O católico traz consigo muitos dogmas relacionados ao dinheiro e ao sexo, por exemplo, e ainda acredita que seus erros são pecados que o levarão ao inferno. O candomblecista crê que, se oferecer algo errado ao orixá, entrará em "quizila" com ele e sua vida irá andar para trás. Estes são alguns exemplos de paradigmas e valores que são diferentes de uma religião para a outra. Se o médium não se esvaziar deles, nunca compreenderá a liberdade que a Umbanda pode lhe proporcionar. E podemos citar como vícios mediúnicos a maneira como sua mediunidade se manifestava em outra religião ou terreiro confrontando-se com um novo universo. É comum médiuns espíritas não incorporarem para dar comunicação verbal aos espíritos, o que se caracteriza como psicofonia (fala mediúnica). Na Umbanda não basta falar, é preciso estar incorporado. O médium que vem do Candomblé aprendeu todo um modo de agir quando entra em transe com o Orixá; na Umbanda o transe de Orixá acontece de forma diferente. O médium que vem de outro terreiro pode acreditar que só incorpora se estiver rodando, o que não é prática comum em todos os terreiros. Esse médium que veio de outro Templo de Umbanda pode estar acostumado a incorporar entidades com um comportamento agressivo por se tratar de algo comum e aceito em seu antigo terreiro, e agora pode encontrar dificuldades para entender outra linguagem. Em muitos terreiros todos os médiuns incorporam de uma forma "violenta", em que parece que estão passando mal ou que vão morrer, tamanho o estardalhaço que se faz. Durante o desenvolvimento mediúnico isso é comum, mas depois de lapidado o médium pode sim incorporar e desincorporar de maneira suave e tranquila. Então, mais uma vez, vemos a importância de se esvaziar o copo e desaprender o que não lhe serve mais.

Outras Dificuldades do Médium de Incorporação

É comum o médium de incorporação evitar entrar em hospitais e cemitérios, por exemplo, alegando que se sente mal; o que é resultado das energias negativas que os médiuns de incorporação atraem para si.

Com o tempo, passam a ter medo de passar mal nesses locais e o temor só piora a situação. Ao sentir medo o corpo dispara a adrenalina, acelera as batidas cardíacas, a respiração fica ofegante, a mão transpira, perde-se o controle motor e agilidade de raciocínio. Nessa condição, o médium fica muito mais sujeito a energias e influências externas. Com o passar dos anos, se esse médium não se trabalhar, se ele não se cuidar, estes sintomas podem se tornar um comportamento condicionado e, de forma inconsciente, se manifestar sem uma causa real, apenas por se ver ou se imaginar numa situação ou ambiente desfavorável. Isto pode se tornar um vício comportamental, principalmente se esse médium possuir carência afetiva de atenção. Ele encontra nesses sintomas um modo de chamar a atenção das pessoas, neste caso como em outros a mediunidade se mistura com ansiedade, expectativa e desequilíbrios emocionais. Logo, é preciso conhecer e trabalhar não apenas sua mediunidade, mas também suas emoções, dores e frustrações.

Depois de uma lapidação mediúnica, o médium deve aprender a controlar sua mediunidade e emoções, podendo assim voltar ao convívio normal e perdendo o medo de entrar em hospitais, cemitérios, ou de encontrar pessoas carregadas de energia negativa.

Filtro: é importante separar o que é seu do que é da entidade que incorpora. Se toda vez, ao incorporar, você repete o mesmo gesto ou movimento para todas as entidades, então este gesto/movimento é seu, considerando que cada entidade tem seu próprio gestual.

Se não Conseguir Incorporar

Para que aconteça a incorporação, o ideal é que o corpo esteja relaxado, "facinho"; quanto mais tenso, mais difícil a incorporação. O corpo reflete a mente: mente tranquila = corpo tranquilo; mente tensa = corpo tenso. Muitos médiuns não conseguem se desenvolver pelo excesso de tensões pelo corpo. Quando se une tensões mais expectativas, temos então um entrave que pode ser de maior ou menor grau, dependendo do médium.

Muitos médiuns conseguem dar bom andamento a seu desenvolvimento e incorporar depois de alguns anos, quando desistem das expectativas e param de criar em suas mentes como deve ser a incorporação. Alguns acabam incorporando quando desistem de incorporar, pois finalmente sua mente e corpo relaxam e a incorporação acontece.

Se não conseguir incorporar não fique tenso, nervoso ou irritado, relaxe e aproveite esses momentos. Não crie expectativas, participe da Umbanda e do desenvolvimento por ser bom estar ali, aprenda com esse convívio.

Caso realmente não se desenvolva, a incorporação pode desenvolver outros dons como intuição, visão, audição, etc. E lembre-se de que há lugar para todos na Umbanda. Todos os médiuns que tenham ou não o dom de incorporação devem começar cambonando.

Sou Eu ou é o Guia?

 Incorporar não é algo a se fazer, não pertence ao ocorrer, não é algo que você simplesmente realiza. Incorporar pertence ao não fazer, você deve apenas se entregar. Incorporar não é uma atividade, mas uma passividade. Você apenas aceita que algo inexplicável aconteça, você aceita um encontro profundo do seu ser com outro ser, um encontro de almas. Nesse encontro, o seu centro mais profundo entra em contato com o centro desse outro ser e, amável e passivamente, você lhe entrega a sua periferia. No interior estão os dois unidos, no entanto o médium deve estar em passividade e o guia na atividade e no controle do exterior onde apenas ele, o outro, o guia, é quem deve se manifestar.
 Você não pode exercitar esta presença de um outro em você, isto seria a dupla personalidade, você só pode aceitar que ele chegue. Você pode somente se recolher no seu interno, abrir mão do seu ego, abrir mão da posse do seu corpo e entregá-lo de forma doce, suave e amorosa. Caso contrário haverá tensão, nervoso, como uma disputa pela periferia, um conflito muito comum durante o desenvolvimento, o que faz o médium se sentir exausto após a incorporação, mas que o faz também ter a ilusão de que isto torna esse fenômeno mais forte por ter um conflito intenso e, quando o conflito se vai, quando deveria chegar a confiança, surge outro, o médium começa a sentir falta do conflito inicial e pensa consigo mesmo que algo de errado está acontecendo porque parece que o fenômeno está muito sutil, fraco, ele sente como se estive se perdendo. Isto acontece porque seu foco está na periferia, o médium está muito preocupado com o externo,

com os outros, com sua reputação, e perde a magia do interno de estar tranquilo no centro.

Toda essa preocupação unida à falta de quietude em seu centro gera a dúvida sobre quem está no controle do exterior ou da periferia. Os dois estão no centro, mas como o médium está agitado, confuso ou preocupado, acaba entrando em conflito de identidade sem saber se quem está se manifestando é um guia espiritual ou ele mesmo se enganando. Praticamente todos os médiuns em desenvolvimento passam por essa situação, o que é comum e normal; afinal, aprender a aquietar a mente, vencer o conflito e não interferir no exterior fazem parte do desenvolvimento mediúnico. Vivemos em um mundo em que não somos estimulados a aquietar a mente, pelo contrário, somos incitados a fazer muitas coisas ao mesmo tempo em uma realidade de pressão e estresse absurda para a grande maioria das pessoas que tenta sobreviver no mundo urbano de hoje.

Incorporação: Sou Eu ou é o Guia?

Muitas vezes, temos dúvida se somos nós ou nosso guia quem está realizando algo. Às vezes, quando estamos incorporados durante o desenvolvimento ou em outras, quando estamos realizando algo em nossas vidas de forma inspirada. Pois muitas vezes o médium, no seu dia a dia, realiza certas atividades inspirado por seu guia de tal forma que praticamente foi ele quem realizou algo por nosso intermédio neste mundo. Muitas vezes sabemos que nosso guia realizou algo em favor de alguém que nos pediu ajuda, mesmo não estando incorporado. Em alguns momentos, isso gera um conflito, o que é natural no desenvolvimento, que pode acontecer fora da atuação mediúnica objetiva como a incorporação, pois de forma subjetiva, no cotidiano, o médium continua sendo instrumento da espiritualidade em algumas situações. Claro que não somos instrumento o tempo todo, seríamos apenas bonecos, marionetes do astral, em que abandonaríamos nosso livre-arbítrio e a responsabilidade por nossos atos. Assim há momento de estar incorporado, há momento de estar inspirado e há momento de tomar decisões por si mesmo; afinal, foi para isso que encarnamos. De qualquer forma, incorporado ou inspirado somos responsáveis por tudo o que realizamos nesta vida. Se somos inspirados, foi nossa opção aceitar esta inspiração; se estamos incorporados, foi nossa escolha seguir este caminho. Se não podemos nos responsabilizar por tudo o que nossos guias fazem, então não haverá confiança, e não deve haver o trabalho mediúnico.

Certa vez perguntei ao guardião que me acompanha: Exu, como faço para saber quando sou eu e quando é você quem está falando e agindo em certa situação?

Ele respondeu: "É bem simples, careca: quando é algo de bom, sou eu; quando é algo de ruim, é você". E deu uma grande gargalhada. Eu, claro, também caí na gargalhada, pois na verdade não importa quem está fazendo o bem, o que interessa é fazê-lo.

Assistindo a um DVD do "4º Encontro Terreiro Pai Maneco – 2 de dezembro de 2007", vi uma fala do saudoso e querido Pai Fernando em que ele afirma que, depois de mais de 50 anos trabalhando com Pai Maneco, a incorporação se tornou algo tão sutil que muitas vezes as pessoas nem percebem quando ele incorporou ou mesmo quando está incorporado. E para descontrair ele fala: "Às vezes nem eu mesmo sei se estou incorporado! Brincadeira, claro".

Então, se há dúvidas se está incorporado ou não, se há dúvida se seu guia o está inspirando ou não, procure descontrair e não fazer disso uma tortura. Sob pressão e com tensão é que você não vai descobrir nada, apenas descontraia e sinta a presença da espiritualidade, mas antes aprenda a ter consciência de si mesmo. Aprenda a viver com consciência; se não existe uma consciência de si, então como poderá haver consciência da presença de um espírito?

Esta é a chave: consciência. Na vida e na incorporação seja consciente, seja presente e esteja por inteiro em tudo o que faz. Se não existe consciência na vida, não haverá consciência na incorporação, e não estou falando do fato de ser médium consciente ou inconsciente, mas da qualidade de sua consciência. Estar consciente na incorporação ou levar uma qualidade de consciência para ela é estar entregue por inteiro, ou seja, viver esse momento completamente, afastando os pensamentos intrusos e o comportamento condicionado.

Incorporação: Esteja Consciente!

A incorporação não está no mundo do pensamento e sim no mundo do sentimento. Assim, estar consciente é saber o que está sentindo, o que está vivendo, o que é diferente de estar com mil pensamentos na cabeça ou estar interferindo.

Então vamos quebrar um paradigma: estar consciente não é estar interferindo, não é estar pensando milhares de coisas e não é estar no comando da manifestação. Logo, estar consciente não é algo ruim, mas algo bom, muito bom. Estar consciente na incorporação é viver uma experiência rica e única junto de seu guia. E aqui se você estiver ansioso, se estiver com medo, se estiver tenso, se estiver com expectativas e metas em sua cabeça, então não estará consciente do que está acontecendo, não terá consciência real de aprendizado. Também a incorporação pode se tornar algo mecânico e banalizado com o tempo.

Para sentir mais e melhor o fenômeno da incorporação, é preciso se tornar mais consciente de si mesmo e treinar isso a cada momento. Por exemplo: somos tão autômatos que o ato de comer há muito tempo já deixou de ser algo consciente. Costumo dizer que não nos alimentamos nem saboreamos, muito menos vivemos de forma inteira o ato da alimentação como algo sagrado, que é, ou deveria ser. Apenas consumimos alimentos de forma inconsciente, falando, pensando e fazendo muitas outras coisas ao mesmo tempo. O ato de alimentar-se deixa de ser consciente, você não sente o que está fazendo, não vive a alimentação como uma experiência. E assim também acabamos fazendo outras coisas na vida de forma autômata. Fazer amor de forma autômata, trabalhar de forma autômata, se divertir de forma autômata, fazer caridade de forma autômata, relacionar-se de forma autômata e incorporar de forma autômata. Passamos a ser como robôs, bonecos, fruto de nossos condicionamentos. Inconscientes de que a vida, que é um milagre, está apenas passando. E nós envelhecendo sem amadurecer. As experiências apenas se repetem e nada ensinam, porque falta consciência em nossas vidas. A incorporação acontece, o médium se diz médium consciente, mas não tem consciência de fato, ele é consciente porque vê o que está acontecendo, mas não é um ser consciente de sua vida e, dessa forma, vive esta experiência e não aprende nada com ela. Acha lindo o que seus guias fazem, mas não está por inteiro no aprendizado.

Não sendo consciente de si mesmo, não sendo consciente de sua vida, podemos dizer que não é consciente do que está acontecendo com ele. Sem consciência, não há como saber o que está sentindo de fato, seus sentimentos não são claros, e como a maioria das pessoas, vai ficando com esses sentimentos mal resolvidos.

Esta é uma das dificuldades em saber se está incorporado ou não, o fato de não ter qualidade de consciência com relação a si mesmo. Se você não está acostumado a ser consciente de si, enfrentará uma dura tarefa em ter consciência de que outro está se manifestando por meio de sua mediunidade. Assim, para desenvolver esta percepção, o desenvolvimento mediúnico serve como um treinamento em que o médium vai ampliando sua percepção com relação a si mesmo. Ao sentir a si e as energias que lhe envolvem na incorporação, aprende a sentir a energia de suas entidades, a sentir e ter consciência do que é a presença e a aproximação de uma energia boa ou ruim.

Muitos têm percepção, intuição e outros dons mediúnicos que lhe permitem sentir o mundo espiritual, mas isto também não quer dizer que são conscientes de si. Muitos vivem de forma autômata, robotizada, totalmente condicionados, e vão lidando com sua mediunidade e sua percepção mediúnica dentro deste mesmo contexto.

A mediunidade vai se encaixando numa forma de viver a vida autômata, sem consciência.

Então, em alguns momentos de crise e dor, tomamos certa consciência e questionamos: quem somos nós? O que estamos fazendo aqui? Qual a nossa missão? Para onde estamos indo? E vamos ao pé do Caboclo ou ao colo do Preto-Velho chorar como crianças. Choramos porque alguma situação nos retirou deste sono, desta embriaguez; tivemos de acordar por um instante, e sair de nosso mundo encantado e ilusório sempre dói; ali, naquele espaço de condicionamentos, está nossa zona de conforto. Quando o choro passa, voltamos a nosso automatismo e fazemos dos elementos de transformação em nossa vida brinquedos e frutos de nosso apego; vamos querendo tomar posse das coisas e das pessoas, vamos vivendo por nossas carências, que são o resultado de uma vida inconsciente. Somos mesmo muito infantis. Quem sabe um dia a gente aprende; um dia a gente cresce e toma consciência. Quem sabe um dia tomamos as rédeas assumindo a responsabilidade por tudo o que acontece em nossas vidas, deixando de delegar aos outros a causa de nossos destinos, sentimentos e situações. Um dia nos tornaremos conscientes da vida, e então livre-arbítrio, carma e pecado deixarão de ser desculpas para o destino e a vida que escolhemos para nós mesmos.

Incorporação: O que é Estar Consciente na Vida?

ACORDE!

Estar consciente é estar desperto, estar acordado. Estar consciente é estar inteiro no que faz e não ser autômato. Quantas vezes, enquanto lê este e outros livros, se dá conta de que leu uma página inteira ao mesmo tempo que está pensando em outra coisa? Assim, você lê a página mas não tem consciência do que leu, sua leitura caiu no piloto automático e sua mente está divagando. Assim é com muitas coisas e não apenas com a leitura.

Ouvi dizer que certa vez Einstein estava na faculdade, já como mestre, e perguntou a um aluno: "De onde eu vim, de cá ou de lá?" Ao ouvir a resposta, ele concluiu: "Se vim de cá, então é certo que já almocei". Assim estamos vivendo. Einstein foi uma mente brilhante, desenvolveu a lógica, o raciocínio e a capacidade intelectual ao extremo, mas isso não quer dizer que esteve consciente de seus sentimentos, por exemplo, não quer dizer que esteve desperto. O homem desperto é o homem iluminado, é feliz, realizado e desapegado. Esse homem desperto é bem diferente dos intelectuais, dos ricos e poderosos no mundo. O homem desperto tem uma outra riqueza, uma outra percepção e um outro poder que não é algo temporal; ninguém pode lhe tirar sua percepção, riqueza e poder.

Um louco ligou para um hospício e perguntou se o paciente do quarto 13 estava dormindo, e ouviu a resposta da atendente dizendo que esse paciente não estava no quarto e que não o havia encontrado no hospício. O louco agradeceu a atendente e lhe disse: "Que bom, então eu fugi mesmo".

Assim estamos vivendo inconscientes. Osho conta que Buda, antes de alcançar a iluminação, já vinha trabalhando sua consciência no caminho do despertar e que, em certa ocasião, ao sentir a presença de uma mosca, afugentou-a e logo depois repetiu o gesto. Alguém o alertou de que a mosca já não estava mais lá e ele respondeu: "Sim, eu sei, mas cometi algo terrível, fiz o gesto de forma inconsciente. Agora estou apenas tomando consciência do que fiz".

Incorporação do Bem ou do Mal?

Como saber se está incorporando alguém do bem ou do mal?
A incorporação é algo bom ou pode em algumas situações ser algo ruim ou oferecer algum risco ao médium?

Estas são algumas dúvidas que às vezes preocupam o médium iniciante e ainda inseguro da mediunidade de incorporação.

No entanto, esse médium deve observar que antes de incorporar ele pode sentir a energia da entidade que está se aproximando e assim é possível identificar quem vai se manifestar.

Antes de incorporar algo negativo, do "mal" ou indesejado, o médium sente a energia e sente que não é bom. Dessa forma, depois de desenvolvida esta percepção e consciência mediúnica, o médium pode e deve bloquear uma incorporação indesejada.

Caso o médium seja ainda muito inexperiente, é possível que incorpore uma entidade negativa. Então, por meio de sua parcela de semiconsciência, deve exercer um domínio parcial estabelecendo limites para esta manifestação. Caso o médium seja sonambúlico e inconsciente, então é certo que seus guias estabelecem os limites e dominam a situação.

Quando vemos situações de médiuns que incorporam seres trevosos e estes dizem que vão matar, que vão acabar com a vida do médium, que vão destruir tudo, então é preciso analisar mais de perto para entender por que isso está acontecendo. Sim, porque muitas vezes há uma vontade inconsciente de chamar a atenção, como uma carência e uma necessidade de estar no papel de vítima. Pode ser que esse médium venha há algum tempo se afinando com tal entidade e então a incorporação acontece desta forma, para que o médium se dê conta do que está se envolvendo. Mas o que importa é que o médium bem trabalhado, bem lapidado, consciente de seu dom de incorporação, tem condições de evitar uma incorporação indesejada.

Não apenas este é o receio dos médiuns, como também há a procupação de incorporar um espírito enganador (mistificador), passando-se por seus guias espirituais. Quanto a isso, o que podemos dizer é que sua maior proteção é caminhar na verdade e na sinceridade. Espíritos enganadores se envolvem com pessoas enganadoras. Onde há amor, verdade e sinceridade não há perigo de ser enganado desta forma. Um espírito pode tentar disfarçar algo, mas não pode fingir sentimentos e vibrações. O médium sempre tem como identificar, sentir e perceber a energia e vibração de seus guias.

Se estamos trabalhando mediunicamente em um templo, é fato que este é como uma fortaleza astral. Ninguém entra em um templo pelo lado espiritual sem ser convidado. Todo templo é protegido por guardiões que evitam a presença de entidades indesejadas. Se por um acaso essas entidades se manifestarem no templo, é porque está sendo permitido para se realizar uma desobsessão, doutrinação ou simplesmente para um consulente se dar conta de quem o acompanha.

A mediunidade de incorporação não é algo descontrolado, solto ou arredio, e sim um dom a ser trabalhado, educado e lapidado.

Mediunidade, Incorporação e Meditação

Agora pretendo falar um pouco sobre meditação e sobre Deus. A ideia é falar sobre meditação como uma ferramenta junto da mediunidade e a favor de uma qualidade de vida.

Para dar início, vou apresentar uma história que era contada por Bruce Lee. Sou admirador e gosto muito de artes marciais. O *Kung Fu* tem uma base chinesa que se inspira no Taoismo e no Confucionismo, evocando a sabedoria milenar destas tradições. Vamos ao conto oriental:

"Um lenhador estava na mata cortando árvores com o seu machado e ele pressentiu um movimento, ouviu um barulho de algo se aproximando. Ele viu um dragão se aproximar. Um dragão de verdade, enorme, assustador, que soltava fumaça pelo nariz, fogo pela boca, e o lenhador pensou: 'estou com um machado na mão, então, quando o dragão se aproximar, eu vou acertar esse machado bem no meio da testa dele'. Logo em seguida ele pensou: 'vou para cima do dragão com o machado'. Quando o lenhador pensou em acertar o dragão, este foi para o outro lado. Então mais uma vez ele pensou: 'agora eu vou para o outro lado e vou acertar o machado no dragão'. E o dragão desviou uma, duas, três vezes.

O lenhador percebeu que tudo o que pensava, o dragão já sabia antes de realizar, esquivando-se e evitando de ser pego ou acertado com o machado. O dragão lia seus pensamentos, o que tornava impossível acertá-lo.

Dando-se conta da impossibilidade de pegar o Dragão, aceitou a condição e o fato da impossibilidade de capturá-lo e voltou a lenhar, cortando árvores com seu machado. Quando a mente do nosso lenhador esvaziou, cortando árvores, o machado escapou da sua mão e acertou o dragão no meio da testa. O dragão foi atingido no momento em que ele parou de pensar em como acertá-lo, no momento em que voltou a atenção à sua atividade principal e esvaziou a mente".

Isso tem muito a ver com meditação e também com mediunidade, pois criamos "monstros" e "dragões" como este o tempo todo em nossa mente, e como são criações nossas, dentro de nossa mente, esses "monstros" sabem tudo o que pensamos. E enquanto estamos focados em destruí-los, muitas vezes, só os alimentamos e damos força. Exatamente como na incorporação e, mais especificamente, no desenvolvimento mediúnico, porque uma das maiores dificuldades para incorporar é "parar de pensar"; não pensar em nada. Nestes momentos ouvimos frases como: "Firme a cabeça", "Não vacila", "Solte o corpo", "Esvazie a mente".

"Firme a cabeça"! Quando se está em desenvolvimento e o Caboclo fala "firme a cabeça", então a gente pensa se é para "segurar a cabeça". Mas firmar a cabeça tem o sentido de colocar os seus pensamentos em um único objetivo certo: incorporar.

"Não vacila" quer dizer: não se entregue a devaneios e firme a sua cabeça neste momento, no agora, e não em outros lugares. É para não dispersar. Não colocar a mente em outro local.

"Solte o corpo" não é soltar as pernas para cair no chão, e sim entregar-se para que uma outra vontade domine os movimentos do seu corpo, da sua mente. É ficar "facinho" para incorporar, não relutar. A incorporação acontece na mente. A entidade que incorpora domina o seu mental e, por meio dele, controla todas as funções do corpo.

"Esvazie a cabeça (mente)". O maior drama no desenvolvimento é o autoquestionamento: "Será que sou eu ou é o meu guia"? E quanto mais a gente pensa, mais difícil é acertar esse "dragão" que assombra o desenvolvimento mediúnico. Quanto mais eu "encuco", quanto mais me questiono, quanto mais penso, mais difícil fica incorporar. Há médium que não consegue parar de pensar em outras coisas, como atividades do trabalho, da casa, do lar, da família. Por isso, quando chega ao templo, o ideal é ter alguns momentos de meditação, de harmonia, ouvindo uma música ou não. Ter um momento de serenidade, de tranquilidade, para que você possa esquecer todo o resto que ficou do lado da rua e que deve estar do lado da rua. Não devemos trazer para dentro do templo, no momento da incorporação, todos os nossos problemas. Antes de incorporar, devemos nos esvaziar.

Justamente as pessoas que têm maior dificuldade em não pensar em nada, as pessoas que têm dificuldade de ficar sozinhas consigo mesmas, são aquelas que precisam praticar diariamente o silêncio e a meditação.

Por que Meditar na Umbanda?

Vivemos de forma autômata e condicionada, não estamos por inteiro em nada do que fazemos, por isso não somos conscientes e estamos perdendo boa parte de nossas vidas. Enquanto estamos comendo, por exemplo, não paramos de pensar em outras coisas, não sentimos o que estamos fazendo, não estamos ali de fato. Se estamos trabalhando, lendo, conversando, estudando ou namorando, nossa cabeça não para de pensar, estamos em outro lugar. Somos assim o tempo todo, de tal forma que vamos perdendo a consciência da vida. A vida simplesmente passa, e nos escapa por entre os dedos.

Em alguns momentos, somos acordados deste sono, por exemplo, quando descobrimos um novo amor ou quando morre alguém que é muito amado. Com um novo amor nos sentimos vivos, com a morte de alguém nos sentimos mortos. Num momento, a vida parece ter sentido e no outro perde totalmente o significado. Bastam alguns dias para tudo voltar ao piloto automático. Alguns se viciam em novos amores, adrenalina e drogas para se sentirem vivos, mas isto também passa a ser um comportamento condicionado. Outros se matam por saber que já estão mortos e não conseguem fazer nada a respeito disso.

Vivemos com medo e insegurança, não sabemos como lidar com nossos sentimentos e expectativas, simplesmente fingimos que não existem, tentamos ser fortes até o ponto em que tudo isso começa a atrapalhar muito uma vida que poderia ser bem mais tranquila. A vida é um espelho, devolve tudo que a gente dá e não muda se a gente não mudar; portanto, não adianta continuar culpando os outros pelo que acontece em nossas vidas, é preciso acordar, tomar consciência e conhecer-se.

Somos corpo, mente, espírito e emoções, não basta cuidar apenas do corpo e do espírito. É uma ilusão vir ao Templo de Umbanda para incorporar um espírito e voltar para casa achando que isto é suficiente para ter qualidade de vida. Não adianta querer comprar um pedaço do céu com sua "caridade" e viver num inferno, não adianta cobrar Deus por "fazer o bem sem olhar a quem" se a sua vida continua andando para trás. **O que importa não é a ação, mas o sentimento que move a ação.** Mais do que conhecer suas intenções, é preciso ter consciência do que faz, de quem você é e da vida que está passando.

Para um bom desenvolvimento mediúnico é fundamental estar por inteiro, parar de questionar e sentir, se entregar, e para isso é preciso muito treino. Se no dia a dia você não está por inteiro e não está acostumado a sentir a vida, não é naquele momento de desenvolvimento e incorporação que isto vai acontecer. A meditação é muito importante, dentro ou fora da Umbanda. O resultado é um desenvolvimento e uma incorporação muito mais tranquilos e conscientes. Consciente aqui quer dizer estar por inteiro, sentindo cada etapa de seu desenvolvimento, aprendendo a se entregar sem medo.

O que interfere e atrapalha o desenvolvimento não é a consciência, e sim a mente desequilibrada que não para de pensar, questionar e julgar. Se conseguir acordar, despertar, estar consciente e por inteiro em tudo que faz, estará por completo na incorporação e também na vida.

Dificuldades racionais e meditação

Entre as dificuldades de incorporar estão estas a que chamo de dificuldades racionais ou dificuldades da mente racional, que são aquelas provenientes dos conflitos entre mente racional e emocional ou, se preferir, os conflitos entre consciente e inconsciente. Podemos dizer que são também conflitos derivados desta vida condicionada que não aceita nada que saia do controle, nada que saia do automatismo.

Na prática, vemos médiuns que têm uma boa mediunidade de incorporação latente e que, durante o processo de desenvolvimento mediúnico, ficam "irradiados"; isto quer dizer: estão envolvidos com a energia de seus guias espirituais, eles se movimentam, dançam ao som dos atabaques, agem como se estivessem incorporados, mas continuam no comando de sua própria mente. Alguns, quando estão irradiados, portam-se como se estivessem incorporados e por meio de um animismo natural se comportam e manifestam como se fossem o guia. No entanto, a forma de falar, gesticular e o jeito de verbalizar e escolher as palavras ainda são do médium, assim como muitas das preocupações e indagações que são manifestas ficam claras pertencer ao mundo desse médium. Essa observação se dá pelo fato de que o médium tem um senso de julgamento de valor crítico bem diferente de um guia espiritual. Mas isto também é comum no desenvolvimento mediúnico e vai sendo superado.

Geralmente, nestes casos, o mais comum não é o médium se entregar ao animismo, o mais corriqueiro é ele entrar em conflito e sentir como se algo estivesse errado, ele sente as pernas se mexerem, sente seus braços se movimentarem, sente todo o seu corpo "tomado". Esse médium sente como se estivesse incorporado, menos a sua cabeça, sua mente e seus pensamentos. Na maioria das vezes, é possível ver isso no olhar do médium. Todo seu corpo demonstra que está incorporado, mas o olhar continua o mesmo. Sempre dizemos que os olhos são a janela da alma e, de fato, quando um médium está incorporado e não apenas irradiado, seu olhar muda, já não é mais o seu olhar e sim o olhar de uma entidade. Não é mais o médium quem olha para você com a presença de seu guia ao seu lado, mas é o guia do médium quem olha para você por meio dos olhos daquele médium e, na maioria das vezes, é possível perceber pelo olhar. Sim, por esse olhar você percebe a doçura de um Preto-Velho, a força do Caboclo, a ingenuidade da Criança, o amor de uma Pomba-Gira ou a profundidade de um Exu. É um outro olhar, existe um brilho, o rosto toma outro semblante.

Enquanto isto não acontece, dizemos que o médium está "irradiado", ele está "semi-incorporado", falta muito pouco para a incorporação se concluir. Geralmente, o que falta é vencer este conflito que existe entre seu consciente e seu inconsciente. Nesse ponto muitos médiuns verbalizam que sentem seus guias, mas têm total consciência de que ainda são eles que estão ali no comando. Alguns dizem que sentem como se o guia se incorporasse em seu corpo com exceção de sua cabeça. E, de fato, na prática é como eles estivessem dizendo a seus guias: "Você pode pegar minhas pernas, pode pegar meus braços, você pode dançar, você pode fazer o que quiser com o restante do meu corpo, mas esta cabeça é minha e eu não vou abandonar o controle dela, esta cabeça eu não lhe entrego!" Aí está o conflito entre o consciente e o inconsciente, o conflito entre racional e emocional: sua mente não quer perder o controle, sua mente racional não quer se entregar. E na sua verbalização surge uma grande ironia, o que faz parecer que está ficando louco, pois está dizendo de forma consciente: eu quero incorporar; no entanto, de forma inconsciente não quer perder a consciência, não quer perder o controle.

Esses médiuns perguntam: "No que eu devo pensar para conseguir incorporar?", e a resposta é: "Você não deve pensar em nada, pare de pensar, é justamente o seu pensar que está atrapalhando, pare de pensar e apenas sinta". Exatamente: sinta. Brinque com isto como se fosse uma criança, abandone os conflitos e entregue-se como uma criança se entrega a uma brincadeira, como um amante se entrega a seu amor, como um bêbado se entrega a sua cachaça e embriague-se das energias e vibrações divinas de seus guias e Orixás. Algumas linhas, como a linha dos Marinheiros, ajudam bastante nestes casos. Os Marinheiros vêm embriagados da energia do mar, vêm cambaleando e atordoando seu médium, o que ajuda a trabalhar seu equilíbrio interior e suas emoções. A linha de Ciganos, quando incorpora apenas para dançar, ajuda também neste processo de entrega do médium que é muito racional e continua questionando o tempo todo.

Existem algumas técnicas de meditação que podem ajudar nestes casos, são técnicas de meditação ativa. Técnicas de meditação ativa são aquelas em que o meditador faz movimentos enquanto medita. Para a maioria das pessoas deste mundo contemporâneo e urbano é muito difícil sentar e meditar, é muito custoso simplesmente sentar e parar de pensar com uma simples técnica que o ajude a evitar os pensamentos.

São necessárias técnicas que produzam catarse e outras que ajudem o médium a se soltar. São técnicas que vão ajudar o médium a identificar suas dificuldades entre consciente e inconsciente, técnicas que o ajudem a identificar onde estão seus conflitos emocionais e racionais na hora de incorporar. Essas técnicas se destinam a todos os médiuns e, independentemente de já serem desenvolvidos ou não, podem ajudar a perceber coisas que antes não haviam percebido com relação a sua incorporação e o senso crítico de julgamento que existe ainda dentro de si.

O Giro no Desenvolvimento Mediúnico

É muito comum, na maioria dos terreiros, girar o médium durante o desenvolvimento mediúnico para facilitar sua incorporação. Para muitas pessoas esta técnica ajuda. No entanto, não se pode generalizar; algumas pessoas ficam tontas, passam mal e até vomitam. Muitos abandonam o desenvolvimento depois de se machucarem rodando e caindo no chão. Poderíamos dizer que cada um tem sua frequência de giro certa, cada médium poderia ou deveria girar em certa velocidade e cada entidade que vai incorporar também terá este recurso em certa frequência.

Para que o giro seja algo funcional, o médium tem a necessidade de se desligar do mundo externo, caso contrário poderá atrapalhar e criar mais tensão, por isso o médium deve ser orientado a firmar o pé no chão.

Por que Girar, qual Pode Ser o Benefício e Como Proceder?

O ato de girar, rodar, o médium durante seu desenvolvimento mediúnico destina-se a forçá-lo a voltar-se para dentro de si mesmo, para o seu eixo. Esta técnica ajuda boa parte dos médiuns que não conseguem se desligar do mundo externo e também para aqueles que não conseguem parar de pensar e têm dificuldades de se centrar em si mesmos. Enquanto está girando, o médium, para evitar uma queda, não pode mais fixar os olhos ao seu redor, deve parar de pensar um pouco para conseguir se centrar e se concentrar. Dessa forma, esse médium é obrigado a tirar o foco do mundo externo e sentir o que está acontecendo em seu mundo interno.

Nesse momento também colabora com a incorporação o fato de o médium ficar um pouco atordoado, o que cria certo relaxamento áurico, o médium sai um pouco de seu eixo, há também um relaxamento muscular.

Para haver a incorporação, é importante o médium estar relaxado, toda forma de tensão atrapalha a incorporação e é por isso que os médiuns, quando incorporam as primeiras vezes, sofrem tanto; suam e passam mal, pelo fato de que estão tensos, muito tensos.

Essa técnica é boa para os médiuns que ainda não aprenderam como se colocar mentalmente no momento de incorporar, ajuda para estes que ainda não incorporaram ou que estão na fase bem inicial, que já incorporaram algumas poucas vezes mas que ainda não conseguem se desligar do mundo externo ou não conseguem parar de pensar. Mas, se mesmo girando, o médium não se desligar, se ele não se voltar ao seu centro, se ele não parar de pensar, então ficará tonto, passará mal e esta técnica no lugar de ajudar será uma tortura até que o médium se dê conta de que precisa se desligar de tudo e apenas sentir, entregar-se. Assim, devemos conversar e orientar os médiuns para que, caso venham a girar, deve-se tirar o foco do mundo externo, parar de fixar seu olhar em algo, não mais se preocupar com as coisas e pessoas, deve procurar uma velocidade de giro confortável e centrar-se no seu eixo. Caso sinta tontura, deve diminuir o giro; se sentir que vai cair, deve firmar o pé no chão, pois o objetivo não é cair, e sim incorporar; e se passar mal, o giro deve ser interrompido. O giro não é recomendado para pessoas com labirintite ou que tenham pressão alta ou baixa, bem como pessoas idosas ou grávidas. Também não se deve girar por muito tempo, apenas alguns minutos são suficientes. Se o médium ainda não incorpora, não vai se desenvolver na marra; existe um tempo de maturação e do desabrochar da mediunidade que é diferente para cada um.

Alguns médiuns podem viciar e acreditar que só vão incorporar girando, criando uma dependência e tornando isso uma muleta. Por este fato, deve-se conversar sobre esta técnica, explicar como funciona e evitar a dependência.

Girar é um convite para sair da periferia e vir para o centro, para seu eixo. Existe o centro e a circunferência, saia da circunferência e venha para o centro. Enquanto estiver na circunferência seu centro é falso, procure seu centro real. No centro não existe ego, não há desejos, nem vontades ou expectativas. Para incorporar, o ideal é estar em seu centro, que se identifica com o centro da entidade que vai incorporar. No centro dois se tornam UM, como dois amantes se tornam UM ao descobrir que sua união se dá a partir do centro neutro de cada um, de sua alma, de seu coração. Na periferia o que existe é o ego e no ego não existe o amor, nem a união, existe apenas desejo, paixões e expectativas. Encontre seu centro e encontre-se com seu guia neste centro, permita que ele tome conta da periferia. Abandone seu ego, abandone sua personalidade, abandone sua identidade, abandone todas as suas formas, seja apenas essência e permita que seu guia assuma a periferia. Seja consciente, não perca tempo lutando contra a consciência; use a consciência, aproveite a consciência e torne-se mais consciente em seu centro. Permita que toda forma, identidade e personalidade que habitam a periferia sejam a expressão de seu guia incorporado em você.

Esteja consciente em seu centro neutro: sem desejos, sem julgamentos, sem expectativas, sem forma, apenas uma consciência, ciente de que a periferia já não lhe pertence mais, naquele momento. Quando estiver em seu centro, tempo e espaço já não existem mais, tudo o que existe é sua consciência e seu coração que vivem essa experiência.

O giro sufi

As técnicas de giro são utilizadas de forma milenar por monges e xamãs no intuito de meditar ou alcançar estados de êxtase, estados alterados de consciência, em transe.

Na tradição sufi, que é a mística do Islã, existe a Ordem dos Dervixes que utilizam o giro como uma técnica de meditação. Nessa Ordem, o giro foi introduzido pelo Mestre Rumi, que foi um grande místico e poeta, homem iluminado de fato. Assim se chama "giro sufi", "giro dervixe", "giro mevievi" ou "sama" a esta prática em que o adepto gira em sentido anti-horário, com a palma da mão direita voltada para cima e a palma da mão esquerda voltada para baixo, o que simboliza captação e irradiação de energias que passam por seu corpo enquanto este está girando em seu próprio eixo. Esta é uma técnica fundamental para essa ordem mística e demonstra a força e o poder místico e meditativo que podem ser empregados ao giro. Alguns dos dervixes ficam assim girando durante horas sem parar, num movimento totalmente centrado, tranquilo e harmonioso. Podemos ver em seus rostos que estão em paz, totalmente mergulhados em si mesmos, alheios ao mundo exterior; estão em meditação ativa e profunda, experienciando o mistério de uma forma que não pode ser explicada. A técnica é utilizada com o auxílio de músicas que instigam o desligamento do tempo e do espaço e, geralmente, é praticada em ambiente interno e recluso com portas fechadas. Os sufis como todas as ordens místicas são discretos e recolhidos, não são dados a exibicionismos e suas conquistas são internas e pessoais.

O objetivo do giro é criar uma experiência, permitir que os místicos entrem em contato com algo maior, que sintam o que não pode ser exprimido, que possam se entregar ao amor e à presença do sagrado em suas vidas. Durante o giro pode haver uma expansão da consciência e uma percepção maior sobre si mesmo e o mundo que nos rodeia, literalmente. O giro representa a ligação da terra com o céu, da matéria com o espírito, o contato com o transcendente. Enquanto gira, o místico busca seu próprio coração e clama pelo nome mais sagrado, o nome de Deus. O místico é como um amante indo em busca de seu amado, Deus, com o qual ele se une, se funde e se confunde; ser amante e ser amado se perdem um no outro, nesta que é a essência do encontro místico. O giro pode ser considerado uma forma de dança sagrada e, no sufismo, faz parte de um contexto de ensinamentos e práticas.

Incorporação: o Transe Mediúnico e a Música

O transe mediúnico é um fenômeno induzido ou conduzido. Para o médium em desenvolvimento, o transe é praticamente induzido (com sua anuência consciente ou inconsciente); para o médium já desenvolvido, que possui educação e maturidade mediúnica, o transe mediúnico ou o momento do transe dentro no ritual é algo, apenas, conduzido. O que quer dizer que o ritual é quem dá o tempo, o ritual marca o tempo e avisa o médium qual o momento em que deve acontecer o transe mediúnico. Com o tempo, e por meio do desenvolvimento mediúnico, ter o transe induzido pelo ritual torna-se algo cada vez mais natural em sua vida. O transe mediúnico passa a ter hora e lugar para acontecer, o médium vai avisando seu inconsciente de que isto não deve acontecer de forma desordenada ou desequilibrada. O médium avisa seu inconsciente de que é necessário um ritual para se deixar entregar e dar passividade ao transe mediúnico de incorporação. Apenas com o tempo e com uma educação mediúnica e maturidade desenvolvida é que esse médium vai compreender que o ritual é necessário e fundamental para o coletivo, mas que não é determinante ou indispensável para o transe individual. Depois de alcançar essa maturidade, o médium pode sentir quando o transe se faz necessário em sua vida, mesmo fora do contexto religioso e ritualístico do templo, da comunidade. Esse médium poderá sentir a presença e o chamado de seus guias lhe solicitando permissão para se manifestar em situações pontuais nas quais podem ajudar de forma contextualizada e adequada. Assim como o médium maduro, desenvolvido e educado mediunicamente também pode chamar, clamar, invocar, solicitar a presença de seu guia em alguma situação à qual ele pede ajuda para si ou para outros que, ao seu ver, poderão se beneficiar desta experiência. Como a relação entre médium e guia já é neste caso algo próximo e muito forte, o médium costuma sentir no mesmo momento se há possibilidade de manifestação e quais de seus guias podem se manifestar. Isto se dá de forma consciente ou inconsciente, na qual o médium simplesmente chama mentalmente e incorpora a entidade que pode ajudá-lo naquela situação.

Com relação ao ritual, temos na música um dos mais fortes aliados para ajudar na indução do transe, não como um estado hipnótico puramente anímico, mas como algo que guarda semelhanças com este. Embora induzido, o transe mediúnico não é apenas fruto de indução como seria de se esperar de um transe hipnótico, a diferença é que o médium está entrando em transe de incorporação, o consciente do médium vai aquietar para outra consciência se manifestar. No transe hipnótico, o consciente se aquieta para que o inconsciente do paciente possa se manifestar, falar. A música não deve induzir sozinha o transe simplesmente porque este não depende apenas de um elemento externo para acontecer, depende de uma condição interna e da presença de uma entidade espiritual externa que vai interiorizar ou envolver o médium com sua presença. Assim, a música não deve induzir o transe por si só como um simples "animismo vicioso", isento da presença de uma entidade espiritual, mas ajudar, propiciar e colaborar para a construção de um ambiente, espaço, propício para que essa manifestação aconteça da forma mais natural possível.

Sabemos das inseguranças, conflitos e questionamentos aos quais o médium em desenvolvimento se entrega pouco antes ou no momento em que está acontecendo o transe mediúnico, e aqui entra uma das funções importantes da música: ela vai ajudar o médium a parar de pensar, parar de questionar e racionalizar tudo o que está acontecendo com ele; o momento do transe não é uma ocasião para pensar, e sim para sentir o que está acontecendo.

Com a música, o médium vai ter um suporte para se entregar ao fenômeno com menos conflitos. O médium vai aos poucos aprendendo a se concentrar na melodia, no ritmo, na frequência, cadência e estrutura do som, deixando-se levar por estas ondas e vibrações sonoras. É como se o médium fosse se entregando para a música, que tem um poder incrível de associar lembranças e emoções com suas letras e ritmos. A música ajuda a estabelecer um padrão de sentimentos associados ao ritual que vão se fortalecendo ao longo dos anos, no qual é muito importante a frequência com que o médium vai tendo experiências repetitivas e similares ouvindo a mesma música. A música, assim como um perfume, traz lembranças associadas e ajuda a colocar o médium num estado de relaxamento e entrega que funciona como um encantamento, diríamos que é um enfeitiçamento se não soubéssemos o que se passa nesse momento. A impressão que dá é que o médium não tem escapatória, de que o que está acontecendo é algo involuntário.

A música, e mais especificamente o ponto cantado e tocado de forma harmoniosa, com amor, energia e direcionamento para cada situação, funciona como uma magia do som. Esse encanto, como o canto de uma sereia, vai envolvendo o médium com sua poesia e sua melodia. Os toques, as palmas e as batidas de percussão parecem sintonizar com as vibrações de seus chacras, tal qual uma serpente parece ir lhe enrodilhando e envolvendo de baixo para cima até que lhe alcança o frontal e fica de frente com esse médium, olho no olho: está em transe. De fora para dentro e de dentro para fora, por meio de vibrações, sentido e emoções o médium vai saindo do seu lugar-comum, do pensar, para um local muito especial, do sentir (não pensar), no qual ele começa a se identificar com a presença de uma força, energia e consciência diferentes da sua. Ele, o médium, vai sendo levado, com sua anuência (consciente ou não) para algum lugar onde está apenas ele e seu guia, num encontro místico em que os dois se tornarão um. Este lugar se chama incorporação, não é um local físico, não faz parte do espaço ou do tempo convencional, mas com certeza é um lugar consciencial. Um e outro se misturam e se confundem como num ato de amor e entrega, um já não sabe quem é o outro, e então algo acontece: seu guia está manifestado. Por mais que seja induzido ou conduzido, assim como numa hipnose, o transe é sempre algo consentido ou sugestionado, o qual só acontece por meio de aceitação e anuência do médium, de forma consciente ou inconsciente.

O uso da música para induzir e ajudar na condução do transe é algo ancestral que pode ser observado em muitas tradições religiosas e espiritualistas de todos os tempos. A forma mais antiga e primitiva, no bom sentido da palavra, como primeira e isenta de intelectualismo; portanto, a forma mais natural de indução do transe por meio do som está nas práticas de Xamanismo. O Xamanismo pode ser considerado a primeira expressão de religiosidade e relação do ser humano com o sentido da transcendência, no qual a espiritualidade ou a religiosidade não é abstrata nem intelectual ou racional. No Xamanismo primitivo, antigo, natural e ancestral, a religiosidade é visceral, a espiritualidade é em si uma experiência de transcendência e não um conjunto de dogmas ou doutrina. E isto se dá pelo fato de que todo o fenômeno xamânico está fundamentado e alicerçado no transe xamânico, que em determinadas culturas e formas de manifestação é idêntico ao que chamamos de incorporação ou, se preferir, transe mediúnico de incorporação. E desta forma é inegável a importância do estudo daquele fenômeno – o transe xamânico – na compreensão deste fenômeno: transe mediúnico de incorporação.

Mircea Eliade foi o maior estudioso e pesquisador de Xamanismo e transe xamânico; registrou seu trabalho incansável e exaustivo no título *O Xamanismo e as Técnicas Arcaicas do Êxtase,* no qual coloca e verifica ser o "Tambor Xamânico" a grande ferramenta do xamã para alcançar os mais diversos estados alterados de consciência.[4] O toque de percussão no couro deste instrumento é considerado pelos xamãs como o principal veículo para alcançar lugares inexplorados de sua consciência ou de realidades subjetivas que poderíamos chamar de dimensões paralelas, mundo astral, aruanda, céu, inferno, etc.

Coloco a seguir, para apreciação e verdadeira degustação, algumas palavras de Mircea Eliade:

Entre os yuraks-samoiedos, o tambor xamânico é chamado de "arco"; por sua magia, o xamã é lançado como uma flecha para o céu. Além disso, há razões para crer que os turcos e os uigurs

---

4. ELIADE, mircea. *O Xamanismo e as Técnicas Arcaicas do Êxtase.* São Paulo: Martins, 1998.

consideravam o tambor como uma "ponte celeste"(arco-íris) pela qual o xamã realizava sua ascensão. Essa ideia se integra no simbolismo complexo do tambor e da ponte, que representam fórmulas diferentes da mesma experiência extática: ascensão celeste. É pela magia musical que o xamã pode atingir o Céu mais elevado.

[...]

O tambor desempenha papel de primeira ordem nas cerimônias xamânicas. Seu simbolismo é complexo, suas funções mágicas são múltiplas. É indispensável ao desenrolar da sessão, seja por levar o xamã para o "Centro do Mundo", por permitir que ele voe pelos ares, por chamar e "aprisionar" os espíritos, seja, enfim, porque a tamborilada permite que o xamã se concentre e restabeleça o contato com o mundo espiritual que está prestes a percorrer.

[...]

Por essa razão o tambor é chamado de "cavalo do xamã" (entre os iacutos e buriates). A imagem do cavalo é desenhada no tambor altaico; acredita-se que, ao tocar o tambor, o xamã sobe ao Céu em seu cavalo.

"Viajo com um cabrito selvagem!", cantam os xamãs karangasses e soyotes. Em certas tribos mongóis, o tambor xamânico é chamado de "cervo negro". A baqueta para bater no tambor é chamada de "chicote" entre os altaicos.

Todas essas crenças, imagens e símbolos relacionados com o "voo", a "cavalgada" ou a "velocidade" dos xamãs são expressões figuradas do êxtase, ou seja, de viagens místicas realizadas por meios sobre-humanos e para regiões inacessíveis aos homens.[5]

Mircea Eliade também cita outros instrumentos utilizados por xamãs de tradições diversas pelo mundo; são instrumentos de corda, tamborins, o gongo, a concha e o tão utilizado chocalho ou maraca, principalmente nas Américas. No entanto, em suas pesquisas o tambor xamânico está como instrumento preferido e mais presente. Não podemos dizer que é o mais poderoso, justamente porque cada tradição elege o instrumento que lhe parece mais funcional e adequado, portanto, o mais potente é aquele que faz parte de sua tradição.

---

5. *Idem, ibidem*, 157, 193-194 e 199.

Dentro desta magia do som é inegável o destaque do tambor para os xamãs, e este é um caminho para entender sua importância não apenas na Umbanda, mas também num contexto geral em que se estuda a relação entre o fenômeno do transe e sua indução ou condução por meio do som, da música. Não precisamos de muita pesquisa nem de citações para lembrar a utilização de tambores xamânicos nas diversas tradições africanas e também nas indígenas das três Américas. Assim, não é por acaso que o tambor, o atabaque e outros instrumentos de percussão estejam presentes na Umbanda, cumprindo sua função de conduzir o ritual e auxiliar na magia umbandística. São instrumentos mágicos, consagrados por excelência, que têm o poder de ajudar em diversas situações. Canto e toque unidos conduzem as emoções e os sentimentos de todos os presentes em uma gira ou sessão de Umbanda. O poder de emitir vibrações sonoras, estabelecer ritmos num ambiente e alterar os sentidos torna o tambor (atabaque) um instrumento de primeira grandeza em qualquer ritual, de qualquer cultura ou natureza que o seja. Mais especificamente na Umbanda, quando tocado com maestria, este instrumento é forte aliado do médium que está vencendo as barreiras do desenvolvimento mediúnico; também é ferramenta única para desagregar energias negativas e quebrar padrões de baixa vibração, estabelecendo ondas sonoras carregadas dos sentimentos de cada um dos presentes.

As ondas sonoras atuam nas ondas mentais, gerando ondas harmônicas e fractais com diversas frequências portadoras de vibrações relacionadas com o contexto em que foram geradas, e estas sim se projetam para muito além do espaço e do tempo. As ondas vibratórias mentais alcançam os mentais divinos, encontram ressonância nas telas planetárias das divindades, onde estão as ondas fatorais dos Tronos e Divindades fatorais que se propagam pelos planos da Criação alcançando a tudo e a todos que se sintonizam com elas. Essas ondas se "encontram", se "misturam" e se "entrelaçam", tornando-se uma portadora da outra, ou seja, todas as ondas e vibrações mentais dos médiuns, excitadas e potencializadas com o som, vão ao encontro de ondas fatorais que percorrem, transpassam e transcendem todas as realidades, alcançando tudo e todos que lhes têm afinidade, sem as limitações do espaço ou do tempo. Desta forma, opera uma magia o som que trabalha em conjunto com as ondas mentais dos médiuns e xamãs; as ondas sonoras do tambor alteram e potencializam as ondas mentais destes que entram em estados alterados de consciência, vivendo experiências dentro e fora de seu eu (de seu corpo), viajando para esferas sutis ou recebendo seus guias, espíritos, num encontro de ondas e vibrações mentais de ambos. O toque do tambor, do atabaque e de outros instrumentos vai atuar no sentido de estabelecer um ritmo fixo, repetitivo e ritualisticamente monótono, reiterando uma mesma marcação a qual vai conduzindo o a consciência do médium, xamã, para um estado de adormecimento; o consciente racional vai se aquietando, se calando para que outra consciência tome a frente. O guia espiritual está, neste momento, incorporado, manifestado e, enquanto isso, o médium está em algum lugar de sua própria consciência, na maioria das vezes acompanhando tudo como se fosse um sonho.

A música ajuda a conduzir o médium ou o xamã ao estado de transe, é como se a música o levasse a algum lugar onde estão seus guias espirituais e este local é um estado de consciência, não é um espaço físico.

A seguir, compartilho algumas considerações do amigo, praticante e pesquisador de Xamanismo, Samuel Souza de Paula, sobre "estados xamânicos de consciência", aos quais está relacionada a música xamânica:

> *Transe é um estado alterado de consciência, ao contrário do que muitas pessoas pensam o transe tem um caráter voluntário, vai de acordo com a autopermissão, autossugestão, vai de acordo com a sua consciência, pois poucas pessoas são facilmente sugestionadas, hipnoticamente falando. As pessoas que são facilmente sugestionadas são aquelas que vemos em show de hipnotismo. Nossa intenção não é fazer um show de impressionismo, não queremos aparecer, queremos transparecer. Queremos fazer da nossa vida o melhor show de qualidades, pensamentos, sentimentos e comportamentos que engrandecem o espírito. Lembrando que o transe pode ser superficial, em que a pessoa está consciente; hipnológico, em que a pessoa está semiconsciente, sonolenta, em estado de sono; e profundo, em que a pessoa se apresenta completamente inconsciente.*

O xamã vive em dois mundos. Fora do transe, vive a rotina da tribo; dentro do transe é parte de um mundo sobrenatural, compartilhando com os espíritos algumas das potencialidades deles.

Para os xamãs, o tambor e o chocalho constituem instrumentos básicos para se entrar em estado xamânico de consciência. O som repetido do tambor é quase sempre fundamental para empreender as tarefas xamânicas e, com boa razão, ele é chamado de "cavalo" ou "canoa", aquele que transporta ao mundo profundo ou ao mundo superior – o mundo espiritual.

O estímulo, rítmico, afeta a atividade elétrica em muitas áreas sensoriais e motoras do cérebro que normalmente não costumam ser afetadas, por meio de suas conexões com a área sensória que está sendo estimulada. A batida ritmada do tambor faz baixar as ondas cerebrais permitindo que entremos em um estado alterado de consciência. Isso parece ser causado, em parte, pelo fato de que uma só batida de tambor contém muitas frequências de sons e, em consequência, transmite simultaneamente impulsos ao longo de diversas vias nervosas do cérebro.

Além disso, as batidas de tambor são, principalmente, de baixa frequência. Seu efeito é visceral e é sentido de baixo para cima, nos chacras.

Ao sacudir o chocalho, o xamã fornece estímulo às vias de frequências mais elevadas no cérebro, seu efeito é mental e sentido de cima para baixo, nos chacras.

Assim como o xamã, o médium de incorporação entra em estados alterados de consciência idênticos do ponto de vista do transe, e tanto na Umbanda como no Xamanismo o tambor vai exercer papel importante com relação a esses estados alterados de consciência, mas não é o único instrumento que tem este grau de importância; como vimos antes, muitos outros podem ser utilizados. Depois do tambor ou atabaque, podemos citar a presença ainda um pouco tímida dentro da Umbanda de maracas, mas que têm nas diversas tradições indígenas e no Catimbó ou Linha da Jurema um papel fundamental, que demonstra sua eficácia como instrumento de poder forte dentro do que aqui chamamos de magia do som. A maraca é formada por uma haste fixa numa esfera que contém pedras ou sementes em seu interior, as quais produzem o som mágico desse instrumento. A haste é de madeira e a esfera, oca, pode ser feita de cabaça, coité ou coco seco. Temos assim o que simbolicamente representa as forças cósmicas e universais do todo. A haste representa a força fálica masculina e a esfera o útero feminino no Universo. As sementes representam as forças que movimentam o cosmos, o que pode ser simbolizado por desenhos simbólicos marcados na esfera.

Assim o xamã, o índio ou o Caboclo manuseiam a maraca determinando o ritmo mais adequado para as forças, poderes e mistérios que querem invocar por meio deste instrumento sagrado. Por intermédio da prática e de consagrações, na Umbanda, o Caboclo torna a maraca um instrumento consagrado, cruzado e imantado em seu poder e mistério. Assim, como instrumento sagrado, a maraca passa a ter um poder maior de ação exercendo grande influência energética e magnética por já estar ligada à energia pessoal do Caboclo ou das divindades que regem seu mistério.

E não para por aí: para cada vibração, há um toque de atabaque e uma energia diferentes. É assim que se estabelecem os toques mais cadenciados para Oxum, Nanã, Obaluaiê ou para os Pretos-Velhos; os toques mais fortes e rápidos para Ogum, Oxóssi ou Caboclos. Mas pode-se também chamar uma qualidade de Oxum num toque de guerra, ou chamar um Caboclo velho num toque mais tranquilo. São toques e variações deles conhecidos como nagô, ijexá, angola, barra vento, etc. Aqui começamos a entrar num campo que pode ser definido como ciência e magia. Ciência porque implica anos de estudo dos diversos toques e cantos e seu método de execução, em que, para cada situação, existe um "ponto cantado" mais adequado. Magia porque a música é a mais poderosa das magias, que de forma imediata pode mudar nosso humor. Magia Divina porque de sua ciência se manipulam força, poder, energia e mistérios que limpam, descarregam, encaminham encarnados e desencarnados. Trazem e levam situações emocionais e psicológicas. Evocam e invocam a presença de guias e Orixás dentro do ritual de Umbanda.

Pontos cantados ou "oração cantada"

A música realizada com a intenção de induzir ou conduzir o transe tem uma estrutura própria, o que nós vemos nas religiões e seguimentos místicos que se utilizam do som. Anteriormente, falamos do poder da percussão aliada ao ritmo, frequência, cadência, melodia e intensidade com que são executados os toques e sua influência mental, emocional e espiritual. Existe ainda a sugestão do verbo que é empregado nas letras dos pontos de Umbanda por causa da escolha das palavras que são utilizadas nos contextos a que cada ponto se propõe a realizar determinada ação mediúnica. Ou seja, pontos de chamada de caboclos são aqueles que verbalizam uma **oração cantada** de clamor, chamada e evocação da presença daquela entidade. Aqui faço questão de frisar que o ponto cantado tem como atributo ser uma oração e, como atribuição, os verbos que são utilizados com a função de realizar uma ação ritualística relacionada com a mediunidade e o ritual que está sendo realizado. O ponto cantado dá o ritmo e o tempo de cada ato dentro do ritual. O propósito maior do ritual é trazer em terra a presença dos guias espirituais incorporados em seus médiuns para atender e ajudar as pessoas. Desta forma, cada ponto cantado tem um propósito ou atribuição, por isso devem ser escolhidos a dedo, lembrando que não se prestam apenas a fazer algo relativo à corrente mediúnica; os pontos cantados também têm função e objetivo de passar uma mensagem aos leigos e consulentes que procuram os templos de Umbanda em busca de ajuda, socorro e cura de suas dores e dificuldades físicas, materiais, espirituais, emocionais e outras. Esses consulentes se mostram fragilizados, assustados, e em muitos casos facilmente sugestionáveis, por isso mesmo as letras dos pontos devem ser escolhidas, selecionadas e filtradas.

Com relação à mediunidade, as letras, como vimos, empregam verbos que possuem funções e ações específicas e que estão diretamente associadas aos atributos e atribuições das divindades. E é desta forma, também, que a música se torna uma magia quando cada palavra evoca e invoca o poder e mistério de determinado Orixá ou das linhas de trabalho de Umbanda. Este é um estudo que pode ser aprofundado analisando-se os fatores e as ondas fatoriais dos Orixás, algo que é muito forte e presente na Magia Riscada ou Magia de Pemba. Assim como riscamos símbolos e signos dos Orixás no chão com a pemba, nos quais cada um tem uma ou várias funções relacionadas com os Orixás e guias de Umbanda; assim como utilizamos cores, pedras, ervas e flores deste ou daquele orixá para produzir uma magia riscada, simbólica e escrita; assim como também realizamos uma magia das oferendas indo aos pontos de força dos Orixás oferecendo elementos que possuem suas essências, da mesma forma quando usamos o verbo também estamos projetando no ar, "riscando" ou "escrevendo" no ar os símbolos de poder dos Orixás. Estamos verbalizando ações, com atributos e atribuições que pertencem às divindades, e chamando essas divindades para manifestá-los em nosso ritual e em nossas vidas. Isso é muito forte, poderoso e realizador. Um ponto cantado realizado com a intenção de oração faz desdobrar toda uma ação mágica religiosa; mágica por ter um objetivo a ser alcançado e religiosa por proporcionar e propiciar uma experiência religiosa a todos que estiverem irmanados nesta vibração e se permitindo ser conduzidos pela música.

Este poder do verbo presente nas orações pode ser facilmente explorado no campo do benzimento. Um benzimento é uma oração mágica religiosa, repetida junto de gestos ritualísticos dos mais simples, como, por exemplo, fazer repetitivamente o sinal da cruz com um galho de arruda na mão enquanto durar a oração mágica religiosa (o benzimento). A ciência consiste em analisar quais verbos são empregados na oração do benzimento; por meio dos verbos cada oração-benzimento assume certa função. Assim, temos benzimento para mau-olhado, inveja, olho gordo, quebranto, dor de cabeça, etc. O elemento associado, como arruda, guiné, alho, água, faca, cruz, está ligado a verbos e ações que vai desempenhar, ou simplesmente serve para o médium potencializar sua ação. Quanto ao movimento repetitivo de fazer gestos, como uma cruz no ar, uma estrela, círculos e outros, são movimentos que desenham símbolos no ar e cada símbolo tem relação com uma força, um poder e um mistério divino. Pensando no poder dessa oração-verbo, que é o benzimento, pode-se ajudar a entender o poder da oração-verbo que é o ponto cantado.

O poder sonoro emitido por meio da voz não se limita ao verbo empregado, esse poder tem ainda relação com a intensidade que é utilizado, com o timbre da voz usado, com a vibração mais grave ou mais aguda e com o tom que a voz propaga os sentimentos. Podemos ainda considerar algo que não pode ser medido, mas pode ser sentido, a verdade de quem está cantando e o quanto sua alma está presente nesse canto, de onde saem estas palavras: de sua cabeça ou de seu coração. Há um canto sagrado que sai do mais profundo, de suas entranhas, carregado de axé (poder de realização). Um canto feito pela alma em sua verdade última é sentido e percebido quando as pessoas se arrepiam, choram e riem apenas de ouvir a capacidade do ogã em transmitir a força dos guias e Orixás por intermédio de sua voz carregada de sentimentos sagrados e divinos. A voz desse ogã está imantada do poder e consagrada pelos mistérios, seu canto é uma oração que vai carregada do poder das divindades, poder de força, luz e transformação no ambiente e na vida das pessoas.

Podemos figurar o poder e a capacidade sonora por meio dos conhecimentos sobre o "mantra" na cultura milenar hindu. O mantra em geral é a vocalização de nomes, saudações, atributos e atribuições das divindades, acompanhados ou não dos pedidos do praticante. O maior de todos os mantras é símbolo sagrado do nome de Deus, o mantra OM (AUM). A simples repetição desse mantra traz o poder de ligar o praticante ao sagrado que possui mil nomes, todos eles são variações e expressões de OM. Há um número certo de repetições, considerado o número perfeito e sagrado: 108. Por esta razão se utilizam os colares com 108 contas, chamados Japa Mala (colar de oração); as contas são utilizadas para contar o número de repetições do mantra. Da mesma forma que fazem os católicos com seu rosário ou terço (uma terça parte do rosário) ao contar o número de Pai-Nossos e Ave-Marias que estão rezando.

Cada mantra tem uma função, cada um é cantado e entoado para uma divindade diferente, podendo ser acompanhado e precedido ou não do mantra raiz, OM. Os nomes das divindades são entoados e com isso seu poder, força e mistério está sendo clamado, chamado e invocado para fazer parte da vida e de todo ser que está praticando o mantra. O fiel eleva sua mente na direção da divindade e suas qualidades conhecidas e, por meio da repetição, com sua monotonia rígida e pontual, sua mente vai parando e entrando em estado de transe dentro da presença do ser-mistério que está sendo invocado. Ao longo dos anos, o praticante vai procurando uma perfeição na entonação do mantra por meio de um som grave, às vezes até gutural, uma repetição feita dentro de uma cadência (tempo) fixa e uma mente cada vez mais limpa e tranquila para conduzir o mantra de dentro de sua alma direto para a "alma" da divindade que se faz presente.

Se coloco aqui algumas palavras sobre mantra, não é com o objetivo de sentarmos em dia de gira diante da assistência para ficar repetindo mantras hindus e muito menos para repetir os nomes dos Orixás dentro de uma estrutura de mantra hindu, pois já possuímos um ritual e nosso mantra são os pontos cantados. O objetivo é compreender que cada cultura e seguimento se especializa e se aprofunda em elementos ritualísticos presentes em todas as outras culturas, e que podemos sim aprender e muito dentro do estudo comparado dos elementos ritualísticos das mais variadas religiões e tradições.

Dentro de um templo, canto é reza, é oração, sempre possui um objetivo, tem hora certa e tempo para se realizar, é direcionada com determinada finalidade e traz como benefício último a integração do "orante" que ora, reza e canta com o sagrado que se faz presente em seu ser. Este é um processo mágico-religioso ancestral, conhecido e estudado em quase todas as estruturas de ciência espiritual. Dentro do Judaismo existe um estudo místico de seus fundamentos religiosos conhecido como Cabalá (cabala hebraica), no qual os nomes do sagrado, as variações de atributos e atribuições de IHVH (Tetragramaton, o nome impronunciável de Deus) são evocados, chamados, entoados e cantados. Na tradição judaica mística é sabido que para ser ouvido por Deus, por seus anjos ou gênios, é preciso mais que verbalizar um nome, é preciso entoá-lo como um mantra ou cantar para o ser-mistério. Assim, a diferença entre falar e cantar define a diferença entre citar um nome e chamar a presença do que este nome/palavra representa no cosmos sagrado e divino. Assim nasce a estrutura de cantos, orações e "mantras" na cultura religiosa judaica. O mesmo vemos no Islã e no Sufismo, da mesma forma o Cristianismo traz o poder da oração e seus cantos, como os cantos gregorianos presentes na ordem católica mais antiga e tradicional, a ordem dos beneditinos.

A recitação e a música dão poder à palavra, empoderam o verbo, trazem poder de realização e, claro, possuem uma ciência em sua estrutura, uma ciência que explica a relação entre o som e o sagrado, uma ciência do som sagrado e divino. Essa ciência que explica a movimentação do que não é material, daquilo que não é palpável, nem tangível ou objetivo é a Magia do Som. Magia que aciona poderes, força e mistérios; magia que abre campos divinos e sagrados em nossa vida, magia que tem o poder de ligar e religar o ser em sua origem sagrada; magia que potencializa sentimentos, pensamentos, palavras e gestos. Magia que limpa, descarrega, chama, leva, conduz, clama, evoca, invoca, determina, soma, divide, agrega, congrega, cristaliza, expande, equilibra, ordena, gera, transmuta, decanta, dilui, renova, direciona, movimenta, purifica, paralisa e realiza o poder das divindades em nossas vidas.

Os elementos ritualísticos da maioria das religiões se repetem e formam um conjunto de elementos em comum, utilizados de forma muito similar por religiões nos quatro cantos do mundo. A presença da religião em todas as culturas faz com que seja reconhecida como um fenômeno humano, um fenômeno do *Homo sapiens* também considerado um *Homo religiosus*. O fenômeno religioso e também seus elementos são estudados pelas diversas ciências humanas, entre elas a sociologia. Trago a seguir algumas palavras do sociólogo Roger Bastide sobre o que vem a ser uma oração:

> *Temos que nos perguntar, de início, se a definição que se dá em geral à oração – e podemos, a título de exemplo, tomar a definição de Mauss: "A oração é um rito religioso, oral, que inside diretamente sobre as coisas sagradas" – está ou não de acordo com aquilo que sabemos das orações pagãs.*
>
> *[...] entre os Dacota, quando uma pessoa vai se retirar para rezar, dela se diz: "Vai fumar". A oração expressa-se externamente já não por uma palavra, um suspiro ou um grito, e sim pela exalação da fumaça saída do cachimbo cerimonial.*
>
> *[...] O próprio corpo também pode ser oração, assim como a voz, que é, aliás, em muitos sistemas religiosos africanos, algo corporal.*
>
> *[...] Em suma, não podemos definir a oração como um simples rito oral; trata-se de um rito total que engloba a totalidade do homem orante.*
>
> *[...] Enfim, a oração não se separa da oferenda, e é impossível dizer se a palavra sacramental é que traz poder à oferenda ou se a oferenda não seria uma realização final da oração.*
>
> *[...] É então chegado o momento de propor uma definição provisória de oração: ela é uma comunicação, que pode se dar*

através de objetos, gestos, palavras, no mais das vezes por uma combinação dos três, entre os homens e as forças sobrenaturais, dentro de uma relação estabelecida como assimétrica.[6]

A origem da música, assim como a origem da dança e de muitas outras coisas, vem dos rituais e templos. No entanto, mesmo fora dos rituais e religiões é possível, em ambiente profano, observar esse poder que possui a música. Grande músicos arrastam multidões, simplesmente porque quando eles cantam e tocam mexem com os sentimentos mais profundos e até desconhecidos de seus fãs. Ou não é verdade que Elvis Presley revolucionou toda uma geração dominada por brancos cantando dentro de uma estrutura musical culturalmente negra, rebolando e movendo-se sensualmente sem nenhum pudor? As mulheres ficavam loucas e os homens queriam todos ser como ele, ou seja, havia no inconsciente coletivo de toda aquela geração uma sexualidade reprimida que encontrava na música, no *rock and roll*, uma forma de extravasar, de colocar para fora, de fazer uma catarse de seus sentimentos e hormônios. Num grande show o que vemos se assemelha à histeria e não é nada patológico, vemos um "exorcismo" de sentimentos e pessoas em transe completo enlevadas pela música. Não vemos a mesma estrutura entre um show e um culto coletivo? Onde os fãs são devotos daquela música, adoradores de seus ídolos, fiéis ao estilo e tipo de música que tocam sua alma?

Mesmo no mundo profano, aqueles que se dedicam em profundidade à música fazem como se fosse o seu sacerdócio, buscam a ciência de sua estrutura, que é estudada exaustivamente na música clássica. O estudo primeiro das notas musicais e sua divisão em sete tons foi realizado inicialmente no mundo ocidental por Pitágoras em sua escola de mistérios. A música pode ser toda ela pesada, medida e calculada em suas partituras, uma ideia presente na mística pitagórica, em sua afirmação de que Deus criou o mundo por meio dos números e que tudo pode ser calculado; cada número, cada sequência numérica têm um poder, uma força específica. E da mesma forma a música tem este poder, esteja onde for. Mas para produzir esta força não é obrigatório ser um pitagórico, um matemático ou um erudito em música clássica. Mesmo o homem mais simples, destituído do

---

6. BASTIDE, Roger. *O Sagrado Selvagem*. São Paulo: Companhia das Letras, 1997. p. 154-166.

ensino escolar, tem condições e capacidade de sentir a música, de fazer e criar música. E foi assim que os negros trouxeram sua estrutura musical mágica para as três Américas. O negro possuía uma ligação toda especial com a música por meio de sua musicalidade mágica presente nas diversas culturas negras africanas. Mesmo fora de um ritual, a forma de o negro escravo pensar e sentir a música ainda era mágica e enraizada na estrutura da musicalidade de transe. Logo que esse negro começa a produzir música fora do contexto religioso, ele vai influenciar toda uma cultura na qual nasce o *jazz*, o *blues*, o mambo, o samba e outros estilos de marcação forte, que parecem ter saído de dentro das tribos africanas e sincretizado com a cultura local para fazer algo que traz o poder mágico e evoca uma liberdade perdida. A musicalidade negra em suas diversas expressões, não por acaso, traz um poder subjetivo de evocar a liberdade da alma expressa nos movimentos que nos induzem e na capacidade de conduzir ao transe. Em sua autobiografia, *Vida*, Keith Richards, guitarrista do Rolling Stones, faz uma referência a esta estrutura da música, que mesmo em ambiente não religioso produz algo místico e transcendente. Podemos ver a devoção quase sacerdotal em suas palavras ao descrever um olhar profundo e estrutural para aquilo em que devotou e devota a sua vida, a música:

> *Eu estava em busca da essência daquilo, da expressão. Não existiria o* jazz *sem o* blues *nascido da escravidão, não a nossa, pobre de nós, celtas, por exemplo, sob o julgo dos romanos. Obrigaram aquelas pessoas a viver numa condição de miséria, e não só nos Estados Unidos. Mas existe uma coisa que os sobreviventes produziram e é muito fundamental. Não se absorve isso pela cabeça, é algo que te pega nas entranhas. Estou falando de algo que vai além da questão da musicalidade, sempre muito variável e flexível. Existe uma tonelada de tipos de blues. Tem um tipo muito leve e tem um que é como um pântano, e é nesse tipo que eu me encontro, essencialmente. Por exemplo, John Lee Hooker. Ele toca de uma maneira muito arcaica. A maior parte do tempo ele ignora os mudanças de acordes. Os acordes são sugeridos, não executados. Se ele está tocando com alguém, o acorde desse músico muda, mas o dele fica onde está, ele não se mexe. E é uma coisa*

implacável. E a outra coisa, a mais importante, fora a voz maravilhosa e o violão implacável, é a marcação com o pé, como uma serpente que vem rastejando. Ele sempre traz seu próprio bloco de madeira 2 X 4 para amplificar as batidas com o pé. Bo Diddley também era outro que adorava tocar um só acorde fundamental, tudo ficava num único acorde, e a única coisa que mudava era o vocal e o modo de tocar aquele acorde. Eu realmente só aprendi a fazer isso bem mais tarde. E aí tinha o poder da voz de algumas pessoas, como Muddy, John Lee, Bo Diddley. Não era necessariamente que eles cantassem alto, era mais que a voz vinha de muito fundo dentro deles. O corpo todo participava da produção dessa voz. Eles não estavam apenas cantando com sentimentos, eles cantavam como se sua voz saísse das entranhas.

[...] Jimmy Reed era um supermodelo para nós. Aquilo sempre era um som para dois violões. Quase que um estudo em monotonia, em certo sentido, a menos que você estivesse tocando. Mas aí o Jimmy Reed tinha aproximadamente vinte hits no topo das paradas basicamente com a mesma canção. Ele tinha dois tempos. Mas entendia a magia da repetição, da monotonia, se transformando para se tornar aquela espécie de coisa hipnótica, como um transe.[7]

Então pudemos ler coisas como "não se absorve isso pela cabeça, é algo que te pega pelas entranhas", "tocar de maneira arcaica", "como uma serpente que vem rastejando", "um único acorde", "monotonia", "magia da repetição", "aquela espécie de coisa hipnótica, como um transe", todas estas colocações falam de uma música que o leva e o conduz para diferentes estados de consciência, e para Keith tudo isso tem origem nessa cultura negra com seus valores e, claro, sua magia. É possível ver em todas as culturas a música como algo sagrado para induzir ou conduzir estados de transe e êxtase religioso, na Umbanda não seria diferente, uma vez que o transe mediúnico está na base de sustentação da religião. Creio que as palavras de Keith Richards ajudem em uma reflexão da importância de se conhecer a estrutura musical que facilita ou propicia o transe.

---

7. RICHARDS, Keith. *Vida*. São Paulo: Globo, 2010. p. 107 e 129.

Relação entre Doutrina e Incorporação na Umbanda

Onde nasce a doutrina e a ética na Umbanda, se não está escrita em um livro?

O médium umbandista, para incorporar, precisa estar bem consigo mesmo e com a sua verdade, e esta é a grande base ética e doutrinaria da Umbanda. A partir da experiência de incorporação e da relação com esses guias incorporados é que nasce, de dentro para fora, um comportamento ético e uma doutrina viva, que não estão engessados em livro algum. Assim o comportamento ético brota de dentro para fora como um resultado natural da convivência com entidades que inspiram uma vida ética, boa e saudável.

Caso o médium não esteja bem com sua verdade, começa a se sentir muito mal em relação aos seus guias, que são seus mestres. Esses guias não têm moralismo enlatado nem rotulado como nas grandes religiões. O que eles têm é um grande senso ético quando incorporados, passam esta ética para seus médiuns. Transmitem uma visão de mundo natural. Por esta razão o médium de Umbanda passa a desejar uma vida com ética, reta com a sua verdade.

Quando não consegue estar reto com sua verdade, o médium se sente um hipócrita manifestado com estas entidades. Aos poucos o médium vai absorvendo as verdades do Caboclo, do Preto-Velho, do Exu, da Pomba-Gira e vai entendendo que eles são diferentes, mas a sua conduta é sempre igual, é reta, é ética. Não interessa o que foram na última encarnação, não importa se foram católicos, protestantes, xamãs, índios, escravos ou seja lá o que for. Importa que eles estão em sua verdade e nos pedem apenas a nossa verdade, o que não é algo imposto ou obrigatório. Aos poucos, o médium vai buscando uma vida melhor, de forma natural.

Não é preciso ser um ser iluminado, os guias não nos pedem para sermos santos, eles dizem apenas que cada um colhe o que planta e que o melhor para uma vida saudável é no mínimo ter consciência do que planta e viver de acordo com a sua verdade. Qualquer coisa fora disso é uma ilusão, e o grande papel de nossos guias é nos retirar de nossas ilusões, nos acordar, despertar.

Os guias não são moralistas nem pedem para decorarmos dogmas ou ficarmos lendo a bíblia, por exemplo. O Caboclo é um modelo de alguém que alcançou um grau de evolução sem decorar textos ou ficar repetindo dogmas. O mesmo se dá com as outras entidades. Os guias de Umbanda não ficam nos evangelizando, literalmente aplicando o Evangelho; no entanto, eles são o exemplo vivo de moral e ética. Ao mesmo tempo que são exemplos não são moralistas, eles compreendem que existe um tempo certo para amadurecer, e esse amadurecimento deve ser natural e não imposto. Quando algo é imposto cria uma falsa identidade, cria uma imagem, um modelo que não é o eu real, que é o alimento para o falso moralismo, pois ninguém suporta muito tempo vivendo uma imagem falsa de si mesmo.

Ser bom não é seguir um modelo católico, evangélico ou espírita; ser bom, acima de tudo, é ser é generoso consigo mesmo, viver o que é bom para você.

Não precisamos ficar repetindo "amar ao próximo como a ti mesmo". Incorporar é amar ao próximo como a si mesmo, estamos praticando e não apenas pregando ou repetindo o que Jesus e todos os outros iluminados disseram.

Não necessitamos de mandamentos e doutrinas pesadas, precisamos apenas viver esta verdade. Neste ponto a Umbanda é muito libertadora, você é livre para viver sua vida; a ética e a moral vêm de dentro como resultado da experiência e das mudanças internas constantes que se espera de um médium que quer ser alguém melhor. Sem peso, sem cobranças.

O médium novo e imaturo pode tornar-se fanático, moralista e arrogante, o que com o tempo vai sendo modelado e corrigido, ou ele é afastado.

Os médiuns chegam com uma mentalidade católica, evangélica ou espírita. Então existe um trabalho para desconstruir essa mentalidade, precisam trocar essa mente. O processo de desaprender é muito mais difícil que o de aprendizagem, há uma grande dificuldade em esvaziar o copo e, mais difícil ainda, é aprender novos valores e conseguir mudar padrões, quebrar os condicionamentos relacionados à visão de mundo, seus paradigmas.

Ética, Moral e Doutrina Umbandista

A Umbanda não nasceu de uma doutrina nem se sustenta em um texto sagrado. A Umbanda nasceu da experiência mediúnica ou xamânica, pela qual passou Zélio de Moraes. E a Umbanda se sustenta na necessidade que muitas pessoas têm de viver esta mesma experiência. A base da religião Umbanda não está em um texto ou doutrina a ser aprendida, decorada e cobrada de seus adeptos. A base da religião está na experiência mediúnica e o bom resultado que essa experiência traz como qualidade de vida para seus praticantes. O que sustenta a religião são os médiuns que descobriram na Umbanda uma forma de lidar com sua mediunidade e que permanecem na religião trabalhando com esta mediunidade em prol de si mesmos e de outras pessoas que lhes procuram. Para levar a bom termo este trabalho, realizado em grupo, há a necessidade de ter um espaço dedicado, um templo e um método que organize o trabalho mediúnico coletivo junto ao atendimento publico, ou seja, um ritual.

Templo e ritual existem pela força da necessidade em exercer um trabalho mediúnico magístico-religioso em grupo e, assim, ter hora e local certos para realizar este trabalho mediúnico umbandista. Templo, ritual, teologia e doutrina são questões-chave fundamentais para fazer a identificação de uma religião, ou seja, como sabemos que isto aqui é "Umbanda"? Pelas características presentes em seus Templos, seu ritual, sua teologia e sua doutrina. Embora seja uma religião cada templo é independente para tomar suas decisões, cada templo possui autonomia ritualística, teológica e doutrinária. O que causa um grande desconforto para todas as pessoas acostumadas com religiões "enlatadas", onde tudo já está certinho, arrumadinho e padronizado. Nessas grandes religiões existe um poder central e centralizador que dita regras, dogmas, tabus, mitos e ritual a serem seguidos à risca. Na maioria delas, as pessoas têm uma participação passiva e recebem a doutrina escrita e dogmatizada, o melhor religioso é também aquele que estuda e decora uma doutrina, deve conhecer não apenas os dogmas, como também deve viver segundo estes dogmas de fé, verdade e comportamento. São "religiões do livro", que seguem livros sagrados e que estigmatizaram um padrão de comportamento e forma "religiosa" de pensar a vida.

Essa maneira de viver e relacionar-se com a religião por meio de dogmas, textos sagrados e comportamento religioso condicionado não faz parte da Umbanda. Esse perfil cria o moralismo e principalmente o falso moralismo ao qual estamos todos cansados, este é um modelo de religiosidade medieval arcaico e ultrapassado. O umbandista não quer nem precisa desse modelo, de religiões salvacionistas que estão vendendo sua salvação a troco de sua liberdade. Você deixa de ser você mesmo e passa a ser a repetição de um modelo para alcançar a salvação, não pode mais fazer nada do que aquela religião considera "pecado" ou, no caso do Espiritismo, você deve ter uma conduta de ser iluminado para não adquirir mais carma e também para não ir para o mundo espiritual inferior depois de seu desencarne.

A Umbanda não acredita em "pecado", acredita sim em erros e acertos a que estamos todos sujeitos, e não usa a palavra "carma" como um peso inexorável ou a lei de retorno como uma ameaça ao que lhe virá depois do desencarne. Entre os espíritas, hoje temos uma grande quantidade de "espíritas-católicos" ou "católicos-espíritas", que no fundo continuam com medo de "pecar" e de ir para o "inferno". Ao chegar ao Espiritismo, esses católicos não mudam a sua mente, apenas substituem as palavras mantendo os conceitos com relação a religião e espiritualidade. "Pecado" agora é "carma" e "inferno" é "mundo astral inferior"; a psicologia religiosa é a mesma, a cabeça é a mesma, continuam os mesmos medos e terrorismo com relação a um moralismo absurdo e pesado. A palavra de Kardec tem sido cada vez mais dogmatizada e a relação com *O Evangelho Segundo o Espiritismo* tem sido quase fundamentalista. Cristo continua sendo um salvador, afinal "fora da caridade não há salvação", e todos estão ainda querendo se salvar por meio da caridade que vira uma obrigação moral, longe de ser uma virtude gratuita da alma.

A Umbanda está longe deste modelo ou pelo menos deveria estar, no entanto, os umbandistas também são ex-católicos e ex-espíritas. Os umbandistas, na sua grande maioria, continuam "católicos-espíritas" e "espíritas-católicos". Mesmo que isto seja algo inconsciente e sutil passa a ser perceptível em seu comportamento crítico, moralista, discriminador e julgador, fazendo juízo de valor negativo a partir de um modelo preestabelecido de comportamento "cristão", que na verdade é "católico-espírita". Assim, temos umbandistas que são "espíritas-católicos" e que verbalizam isto. Quando lhes perguntam sua religião, dizem: "sou espírita" ou "sou católico", são "espíritas-católicos-umbandistas" – nesta ordem mesmo –, o que cria uma grande confusão doutrinária em suas mentes. Confusão porque não querem mais aquelas religiões (católica, espírita, evangélica...), mas não conseguem mudar velhos hábitos, não conseguem um novo modelo do que é "ser religioso" de modo diferente.

Quando a sua religião não é aquela de um livro ou doutrina dogmatizada, então existe uma grande liberdade e ao mesmo tempo uma dificuldade de entender: "qual é mesmo a minha doutrina?" Todos querem respostas prontas, querem ter uma doutrina escrita para poder mostrar aos demais que seguem um caminho de salvação. Querem uma doutrina para justificar seu comportamento fanático ou moralista, querem mostrar que com essa doutrina são melhores que os outros. Assim, muitos querem ter um conjunto de regras que justifique uma série de restrições que querem viver para se iludirem de que, vivendo com limitações, terão o céu garantido e que possuem algo que justifique sua mediocridade perante a vida. A grande maioria não quer pensar a vida, a grande maioria não quer sentir a vida, a grande maioria das pessoas não quer liberdade porque implica muita responsabilidade; não querem de fato ser felizes porque ser feliz dá muito trabalho.

Seja Feliz

No livro *Ilusões: as Aventuras de um Messias Indeciso*, de Richard Bach,[8] existe uma passagem em que as pessoas procuram um messias para pedir ajuda. Sabendo que ele é um messias, que tem contato com Deus, elas afirmam a ele que fariam qualquer coisa que DEUS lhes pedisse. Todos estão dispostos a sofrer por uma "Causa Maior", todos se mostram preparados a dar a vida se necessário, estão prontos para o sofrimento como prova de uma vida dedicada ao Senhor. São "tementes" a Deus, são pessoas que têm e querem ter e estabelecer esta relação de medo, sofrimento e tortura com Deus. O que justifica sua desdita.

Então o messias pergunta: "Quem está disposto a seguir a orientação do Ser Supremo?"

Todos respondem que estão prontos, preparados para se sacrificar, para seguir uma doutrina, para receber as regras da salvação.

Então o messias questiona: "O que vocês fariam se DEUS pedisse, apenas, que fossem felizes?"

Ser feliz apenas? Ninguém quis seguir o messias, ninguém está pronto para ser feliz.

E assim é a humanidade. Boa parte dos religiosos procura a salvação, o Céu, o astral superior, a Aruanda, ou não encarnar mais. Estão dispostos a todos os martírios, mas poucos, muito poucos, estariam dispostos a ser felizes, e o motivo é: não estão prontos para isso.

E o que acontece é que todos estão prontos para viver com restrições e até morrer por uma causa, mas não estão preparados para ser felizes. É muito mais fácil seguir regras e dogmas, seguir uma pessoa, repetir doutrinas, decorar textos e assumir um comportamento externo moralizante de acordo com certa doutrina que ser feliz. Ser feliz implica viver uma verdade, ser feliz implica estar acima de dogmas e regras, ser feliz implica ser, e não ter coisas ou copiar pessoas.

O ser humano tem medo de ser feliz, quer apenas uma doutrina para fingir que é feliz ou, pelo menos, para lhe dar a ilusão de que não é feliz agora mas vai ser depois de desencarnar, o que justifica suas restrições e a vida tão pesada.

---
8. BACH, Richard. *Ilusões: as Aventuras de um Messias Indeciso*. 18. ed. Rio de Janeiro: Record, 1993.

Céu e inferno estão dentro de nós. Se estamos bem conosco, então estaremos bem no céu ou no inferno. E a Umbanda lhe ensina a estar bem consigo mesmo agora, neste momento, e não a viver uma vida de restrições impostas pelo dogma, pela hipocrisia e falsidade. Quando um umbandista escolhe não cometer certos excessos e vícios, é porque sente que aquilo não lhe faz bem, muito diferente de obrigações impostas por uma doutrina engessada.

Os guias nos pedem apenas para sermos felizes e nos dão toda a liberdade para isso.

Esta é uma questão-chave na Umbanda: Liberdade e Responsabilidade.

A grande base doutrinária da religião está na sentença:

"Semeadura livre e colheita obrigatória".

No entanto, isto também é muito mal interpretado, pois tem criado um enorme peso e tem sido desculpa para viver segundo um modelo religioso de outras religiões.

Fazer uma boa semeadura é viver segundo seu coração, sua verdade e buscar sempre sua felicidade.

Para ser feliz é preciso estar constantemente eliminando o que o afasta de sua verdade. É preciso suprimir o que o mantém na ilusão, eliminar vícios muito mais profundos que aqueles da periferia. A grande maioria das pessoas quer manter-se na ilusão, quer apenas um conjuntinho de regras e dogmas para iludir-se de que serão salvas e eleitas. Por isso a Umbanda não é uma religião para todos, a Umbanda é mesmo uma religião para poucos, sim, porque poucos conseguem viver com liberdade. Então acontece uma grande contradição, que é ter no seio da Umbanda uma enorme porcentagem de adeptos que continua querendo um modelo e, pela falta de um modelo originalmente umbandista, continua vivendo o padrão de suas antigas religiões.

Mestre e Desenvolvimento na Umbanda

Seu guia espiritual é seu Mestre último. Todos os outros mestres, encarnados, na senda mediúnica, devem ter como objetivo conduzi-lo ao encontro do seu Mestre Pessoal. Caso contrário, saberá que ainda não encontrou um Mestre encarnado. Pode ter encontrado um professor, um tutor, um palestrante, um doutrinador, um pregador, um pastor, um sacerdote, um ministro, um apóstolo, um orientador, mas NÃO um Mestre. Nossos guias espirituais são nossos Mestres Pessoais; desenvolver a mediunidade é trilhar um caminho ao encontro desses Mestres. E este é um caminho do coração!

Sabemos que estamos diante de um Mestre encarnado quando ele nos ensina o caminho do coração e nos aponta para nosso mestre interior ou astral.

Quando encontrar alguém que lhe ajude para que isto aconteça, então, está diante de alguém que pode e deve ser chamado de MESTRE.

É alguém que sabe criar um ambiente propício, que sabe conduzir no momento certo, que sabe o que está acontecendo com você e lhe dá segurança.

Por isso, também, os Mestres são encantadores. Encantadores de discípulos, simplesmente porque os Mestres são encantados pela vida. E claro que todos querem descobrir quais são os possíveis encantos que a vida pode oferecer. Quais são os encantos saudáveis que podem dar sentido e tornar encantadora a sua vida?

A resposta não é simples, pois o sentido não é a mesma coisa que "a razão". O sentido da vida vem do coração e não do intelecto. O sentido da vida não pode ser explicado, porque está na própria vida em si.

Mas enquanto não encontrou o sentido real, pode-se ter por sentido a busca por seu Mestre, na esperança de que ele possa lhe mostrar esse sentido.

Desenvolver a mediunidade é isto! É a busca por seus mestres pessoais. Quando você encontrar seu mestre pessoal, seu mestre astral, seu guia e mentor, então descobrirá que a missão maior dele é torná-lo mestre de si mesmo. Quando conseguir entender a vida como seu mestre, então descobrirá que é mestre de si mesmo.

Aqueles que alcançam este ponto se tornam iluminados e já não têm mais necessidade de encarnar, eles encarnam para nos ajudar. Estes que se tornaram mestres de si mesmos vêm em nosso auxílio e se oferecem gratuitamente como nossos Mestres. Não nos pedem nada, apenas nos oferecem Amor e Exemplo. Quando estão no posto de orientadores, exigem disciplina para o nosso próprio bem e pedem o respeito para tudo que é sagrado, começando pela vida, sua e do próximo.

Se você encontrou a oportunidade de conviver com um desses mestres, não desperdice, aproveite todo o tempo que tiver ao lado deles, apenas a sua simples presença parece mudar nossas vidas. Eles nos emprestam um pouco de seu brilho, de sua luz e de suas cores, que iluminam e colorem nossas vidas enquanto não temos tanto por nós mesmos.

Mesmo os mais rigorosos e exigentes mestres caminham o caminho do amor, pois sua postura revela o cuidado para que a gente aprenda com menos sofrimento e mais amor.

Nossos guias são nossos mestres pessoais e aqueles que mais nos amam neste mundo.

> *Um ditado sufista diz que o verdadeiro mestre não se busca, aparece quando o discípulo está preparado para receber os conhecimentos que lhe serão dados. E os sufistas esclareceram que, se alguém caiu na armadilha de um falso mestre, foi porque não estava preparado para distinguir entre o verdadeiro e o falso, e essa experiência lamentável, a de se ver manipulado por um falso mestre, não o prejudicará, mas sim o ajudará a distinguir entre a verdade e a falsidade, convertendo sua busca em algo instrutivo que lhe permitirá reconhecer o verdadeiro mestre.*[9]

---

9. BLASCHE Jorge. *A Além de Osho*. São Paulo: Madras Editora, 2010.

Como "Desligar-se" de um Templo?

> *Qualquer caminho é apenas um caminho, e não há ofensa para si ou para outro em abandoná-lo se é isto que o seu coração diz a você... Olhe para cada caminho bem de perto, estudando-o cuidadosamente. Experimente-o quantas vezes achar necessário. Então pergunte a você mesmo, e somente a você mesmo, uma questão: "Esse caminho tem um coração? Se ele tem, é um bom caminho; se não tem, é inútil".* [10]

D. Juan, "brujo" Yaqui, orientador de Carlos Castañeda

Muitas vezes a Umbanda é seu lugar, mas nem sempre o Templo que o acolheu é o seu lugar dentro da Umbanda. Muitas vezes, a Umbanda é um lugar desconhecido dentro de você, e não um local físico a ser encontrado. Nem sempre o primeiro Templo que nos acolhe será a sua "casa" dentro da Umbanda. E como a virtude NUNCA pede recompensa, não existe dívida por caridade recebida, apenas o sentimento de gratidão e a liberdade de procurar seu Templo interno e externo, aquele que melhor puder acolhê-lo de acordo com sua simpatia, empatia e afinidade. A Umbanda lhe ensina a seguir seu coração, é um caminho de amor e liberdade, no qual não cabe o medo e a obrigação como pesos para sua alma, que venha a acorrentá-lo a uma situação ou lugar.

---

10. CASTAÑEDA, Carlos. *A Erva do Diabo*. Rio de Janeiro: Best Seller, 2013.

Então como proceder para "desligar-se" desse "templo", com respeito, educação e muita gratidão? Se "desligar" quer dizer: se "retirar", "sair", "pedir o afastamanto", "descomprometer-se", "desfiliar-se", o que é diferente de "abandonar", "desconsiderar", "virar as costas" ou "cuspir no prato que comeu".

Todos têm o direito de ir e vir, todos têm a liberdade de escolher trabalhar em outro templo, ir para outra religião ou simplesmente "dar um tempo" de tudo, de sua religião e do templo que frequenta. Só não dá para dar um tempo ou abandonar sua mediunidade. "Devemos seguir nosso coração", esta é uma das frases mais fortes e a que mais ouvi dentro da Umbanda, mas também escutei muita gente dizer que não sabe "ouvir seu coração". Ouvir o coração é aprender a sentir; como muitos estão vivendo sem dar atenção ao que sente ou ao que os outros sentem, acabam não conseguindo sentir a si mesmos, o que é mais importante que incorporar ou ter intuições espirituais. Somos corpo, mente, espírito e emoções. Vivemos estas quatro realidades e precisamos aprender a ouvir, ver e sentir nas quatro, com nossos sentidos materiais e espirituais, e com nossa capacidade mental e emocional. A capacidade espiritual capta a realidade dos espíritos, a capacidade mental capta de forma direta a realidade mental de seres, entidades e divindades. A capacidade de sentir nos permite sentir a nós mesmos e aos outros. Sentir é diferente de pensar, pelo pensar podemos raciocinar o que pensamos, mas o pensar não pode decidir o que estamos sentindo. O nosso racional só pode ajudar a curar certas dores e bloqueios instalados em nosso emocional. Quando estamos junto de alguém que amamos muito, não encontramos palavras para dizer o que é isso, que chamamos de amor, esta percepção é emocional. O que é emocional se expressa por meio de uma glândula chamada "timo", que fica no chacra cardíaco. O mental, o pensamento, está ligado ao frontal e à glândula pineal. A inspiração superior, a iluminação, está ligada ao chacra coronário e à glândula pituitária. Mas aqui o foco não são os chacras e sim os sentimentos, aprender a ouvir o coração.

Quando você pensa numa situação e sente o coração fechado, oprimido e apertado, então ele está dizendo: NÃO!

Quando você pensa em outra situação e sente o coração abérto, livre e solto, então ele está dizendo: SIM!

Assim vamos cada vez mais dando atenção ao que sentimos no coração, e muitas vezes ele nos diz que não estamos bem em tal lugar ou em tal situação. Pode acontecer de não se sentir bem no templo que está frequentando, por algum motivo.

Então entra o mental, o racional e a lógica. O mental deve ajudar a entender por que você não está se sentindo bem em tal lugar. Recomendo meditação, sentar, esvaziar a mente e após atingir um estado de maior tranquilidade; começar a pensar e sentir ao mesmo tempo: em qual situação este sentimento de desconforto começou? O que aconteceu? Isto pode ser contornado? É possível conversar com o dirigente e entender o que está acontecendo? É possível contornar a situação?

Muitas vezes, o nosso coração está apertado por uma situação que aconteceu ou por um desconforto com relação a uma dificuldade de se relacionar com fulano ou sicrano. Nestes casos, sempre é possível conversar e tentar reverter a situação, assim como num relacionamento. Fazer parte de um templo é como ter um relacionamento, deve-se ter profundidade e o tempo todo sentir como está a relação. O ideal é sempre conversar muito sobre o que sente e juntos encontrar caminhos para crescer e aprender um com o outro. Num relacionamento, assim como num templo, devemos aprender a conviver sem machucar e evitando ferir os demais, e o único caminho é por meio do sentir, meditar, pensar e conversar.

Mas existem duas outras opções: uma quando você não tem mais afinidade com o templo ou com o dirigente, outra quando você ouve seus guias lhe pedirem para se afastar desse templo.

Quando seu guia lhe pede para se retirar ou você sente que ali não é mais seu lugar, então o caminho é pedir um afastamento para o dirigente-sacerdote. Esse é o momento de demonstrar seu respeito e agradecimento pelo período em que aquele templo o acolheu e pela dedicação desse sacerdote que esse tempo todo cuidou de você e de sua mediunidade. Se for possível, explique o que está sentindo ou que seu guia lhe revela que é hora de seguir outro caminho. Evite criticar ou dizer que está saindo porque não concorda com tal coisa, porque o momento de saída é a hora de agradecer. O momento de fazer "críticas construtivas" é enquanto você está e quer estar nesse templo. Críticas construtivas você faz enquanto sente e percebe que algo o incomoda e pode ser mudado, quando chega à conclusão de que nada do que lhe incomoda vai mudar ou que não tem afinidade, então suas críticas serão destrutivas e serão ouvidas como uma forma de agressão. Muitas vezes quem fala não tem a intenção de agredir nem sente que está agredindo, mas quem ouve pode se sentir agredido pela forma que ouve ou pelos sentimentos com que as palavras estão carregadas. Com frequência, quem fala não percebe o que está sentindo nem o que o outro sente, isto nós chamamos de "falta de profundidade". Ter profundidade em qualquer tipo de relação (religiosa, amorosa ou profissional) implica sentir, racionalizar o que sente e expressar esse sentimento com a intenção de crescer e aprender com isso.

Se você não tem profundidade, muito cuidado com suas palavras, pense nelas, escolha-as bem, crie uma habilidade com as palavras e cultive disciplina, educação e boas maneiras. Quando você aprender a ter profundidade nas relações, sua habilidade com as palavras e a relação delas com os sentimentos vai se desenvolver, e você vai de forma natural aprendendo a expressar seus sentimentos de maneira ideal. Para isto é preciso exercitar o encontro do verbo com o sentimento, exercitar a expressão destes por meio de palavras, e nada melhor para esse exercício que aqueles em que temos amor e confiança.

A relação ideal entre um médium e seu sacerdote-dirigente deve ser de amor e confiança; assim, o médium como um discípulo deve conseguir se expressar com seu sacerdote como um Mestre. Se não consegue fazer isto com seu sacerdote, então deve tentar fazer com os guias de seu sacerdote. "Aprenda a abrir seu coração e expressar sua verdade", claro sem usar isso como desculpa para agredir, humilhar ou constranger. Não confunda: o objetivo é crescer com as situações e não "vomitar" o que ficou entalado. As coisas só ficam "entaladas", "atravessadas", "presas" ou "guardadas" quando não aprendemos a nos expressar de forma ideal ou que se aproxime do ideal. Então fica aqui a dica: abra seu coração, fale o que sente e demonstre seu respeito e gratidão ao sentir que deve se "afastar" do templo em que pratica.

Caso você seja médium de incorporação ou tenha uma boa conexão com seus guias, procure consultá-los antes de pedir o afastamento do templo, certamente seus guias vão ajudá-lo a entender bem a situação e qual a melhor forma de abordar o dirigente neste contexto. Desta forma estará sempre agindo de acordo com seu coração, com a razão (a lógica) e com sua espiritualidade, evitando outros conflitos e maiores enganos.

Lembre-se: não Faça da Exceção a Regra!

A única exceção, e sempre existe uma exceção, é quando você conclui que não está em um bom lugar, quando você vê que ali naquele local se pratica o mal, quando é fato que o dirigente manifesta amargura e sentimentos negativos em relação a todos que se afastam de seu "templo". Quando você vê que o dirigente "demanda", projeta sentimentos, pensamentos, palavras e ações negativas contra os médiuns que se retiram. Quando esse dirigente se sente agredido com o afastamento de todos que se retiram. E principalmente quando as entidades do dirigente verbalizam, incorporadas, que fulano ou sicrano que se afastou é ingrato, que deve pagar, que está em dívida ou que vai voltar se rastejando para pedir perdão. Nesta situação, você já sabe que seu afastamento vai demandar uma grande carga de energias negativas contra você. Este não é um comportamento de Umbanda, este não é um comportamento de um dirigente, este é um comportamento infantil e imaturo de posse. E aqui você vê que de fato fazer parte de um templo é como um relacionamento, em que a qualidade da relação, da conversa, da liberdade e a maturidade desse relacionamento já são um prenúncio de como vai ser a separação, o rompimento, o afastamento. Já é possível saber se haverá mágoa, rancor, raiva ou a compreensão de que todos temos o nosso caminho e que ninguém é dono de ninguém. Devemos agradecer o tempo que estivemos juntos e não reclamar pelo tempo em que não vamos estar mais juntos. Neste caso, falta maturidade para esse sacerdote ou ele é um falso-sacerdote e você já aprendeu o que tinha para aprender com ele.

Recomendo apenas neste caso, por causa do comportamento inaceitável deste dirigente: afaste-se de forma gradual, até que o "tal" dirigente o veja como um médium ausente e que não fará falta para ele. Assim, aos poucos, sua presença ou ausência começa a não ser notada por causa de tantos compromissos ou por você parecer uma pessoa complicada demais, em razão de tantos problemas que o impedem de ir ao terreiro. Infelizmente, quando se trata da relação com pessoas negativas ou inescrupulosas, nem sempre é possível dizer sua verdade ou o que sente sem comprar uma briga ou guerra; então sinta qual é a sua realidade.

Este comportamento inaceitável, infantil ou imaturo cria o ambiente que existe em grupos chamados de "sectários" que definem o perfil de uma "seita". Muitas vezes, grupos religiosos se comportam como uma seita de fanáticos. Coloco a seguir algumas palavras que definem o perfil de seita de fanáticos:

> *Trata-se de uma série de tópicos revelados por Daniel Goleman, autor de Inteligência emocional. Segundo Goleman, entende-se como seita aquele grupo no qual há vaidade, busca de poder e protagonismo de seus representantes; onde há perguntas que não podem ser feitas; existem segredos em círculos internos que são cuidadosamente guardados; há imitadores do líder do grupo, que caminham como ele, vestem-se como ele, falam como ele, etc. Existe um pensamento coletivo comum a todos e ninguém oferece nenhuma alternativa; há um escolhido; não há outra via a não ser a exposta pelo grupo; existem sintomas de fanatismo pelo líder, pelo grupo e pela via a seguir; há um trato comum para todos, os ensinamentos estão programados; exige-se uma prova de lealdade fazendo algo; a imagem do grupo, exteriormente, é distinta daquela praticada no interior; tem-se uma visão singular do mundo para explicar todas as coisas e estão desqualificadas as explicações alternativas; não existe o humor, estão proibidas as irreverências. Certamente, se compararmos os tópicos de Goleman com muitas religiões atuais, teremos a impressão de que, em sua maioria, são sectárias. A diferença entre uma religião e uma seita estará em seu compromisso democrático, em sua capacidade de diálogo e tolerância com outras crenças e seu respeito às ideias e aos pensamentos dos seres humanos.*[11]

Antigamente, a palavra seita era usada para definir grupos sectários que se afastavam da sua religião de origem. Hoje em dia não se usa mais o termo seita nesta condição, só se considera seita gru-

---
11. BLASCHE, Jorge. *Op. cit.*

pos que têm um comportamento fanático e agressivo nos aspectos físicos, morais, sociais, emocionais ou psicológicos. Os dirigentes de seitas geralmente têm comportamento fanático, obsessivo, compulsivo e psicopata.

Em tudo há o que se aprender, mesmo que você tenha caído em um grupo sectário tem algo a conhecer; aprenderá como não se devem fazer as coisas e como identificar um grupo com este perfil. Tudo tem um porquê e cada situação que a vida dá tem o objetivo de ensinar a lição de que necessitamos naquele momento. Então não se lamente, não foi por acaso que frequentou esse ou aquele grupo.

E agora, para onde vou?

Você pediu para se retirar de um templo em que "perdeu afinidade" ou que seu guia lhe pediu para se retirar; qual o caminho a seguir agora?

Se foi seu guia quem lhe pediu para se retirar, o mais correto é perguntar a ele o que fazer então. Se foi você quem sentiu que não havia mais afinidade com aquele templo, caso seja médium de incorporação, ao procurar outro templo, preste atenção:

Sua imaturidade o atrai para um grupo imaturo, sua falta de profundidade o atrai para um grupo sem profundidade, agradeça a lição, aprenda com ela e siga seu caminho. Se a lição foi aprendida, então é sinal que você cresceu, amadureceu e encontrará um local de mais maturidade, profundidade e verdade. Caso saia de um lugar como este e "caia" em outro igual, por mais uma ou duas vezes, então é certo que você está vendo, mas não está aprendendo. Consegue ver o que está errado no outro, mas não consegue ver o que está errado em você. Falta meditação e reflexão, falta vontade de mudar e conhecer a si mesmo.

Você continua procurando um lugar melhor e só encontra locais iguais ao que havia se afastado; este é um sinal de que não é o templo que deve mudar e que a pessoa que procura um templo deve alterar algo em si antes de aceitar fazer parte de outro templo. Mais uma vez podemos comparar esta relação médium-templo com os seus relacionamentos. Há pessoas que estão sempre trocando de parceiros, sempre trocando de relacionamento e acabam dizendo que ninguém presta e que todos são iguais. Se a pessoa que procura não se modifica, então não vai mudar o que está procurando, muito menos o que está encontrando. Procure mais profundidade na vida porque a vida, passa rápido demais e não vale a pena se desgastar tanto por nada. Cresça, amadureça e apareça para si mesmo e não para os outros. Aprenda a ser feliz consigo mesmo e então será mais feliz com o outro, será mais feliz nas relações amorosas, religiosas e profissionais. No entanto, ser feliz não é ficar repetindo: sou feliz, sou feliz, sou feliz. Ser feliz é tornar-se resolvido, curado, esclarecido, livre e liberto de suas amarras.

Num filme chamado O *Efeito Sombra*, que eu recomendo (o filme e o livro), um dos terapeutas que aparecem diz que fazer estas afirmações positivas é como colocar chantili em cima da merda. Ou seja, não se engane com falsas afirmações; cure-se, transforme-se, conheça-se a si mesmo e encontre sua verdade. Quando caminhar com a sua verdade, então encontrará pessoas, lugares e relações saudáveis e reais. Lembre-se: pessoas de verdade nunca são iguais umas às outras; pessoas falsas são iguais porque estão tentando agradar, copiar ou imitar alguém. Não seja uma cópia nem atraia cópias para sua vida, não imite nem atraia imitações, não seja falso nem atraia falsidade, não seja o resultado de expectativas suas ou de outras pessoas. Procure sua verdade na espiritualidade, espiritualidade é verdade. Fora da verdade nada vale a pena, fora da verdade não existe vida, fora da verdade você está morto esperando uma salvação. Não espere uma salvação, viva sua verdade no céu ou no inferno e seja feliz independentemente de onde está, seja feliz por ser quem você é, seja feliz por estar em sua verdade.

Lembre-se: quando Pilatos perguntou a Jesus qual é a verdade, ele silenciou. Hoje muitos que dizem o seguir gritam aos berros ter encontrado a verdade e saber qual é a verdade. Ninguém pode lhe dizer qual é a sua verdade. Cada um tem a sua e a verdade absoluta é o Todo. As partes que somos não têm condições de absorver o todo, assim nenhuma das partes tem a verdade. Quanto mais nos identificamos uns com os outros, quanto mais conseguimos conviver com a verdade do outro, maior se torna a nossa verdade. Se não podemos ter uma verdade absoluta, podemos ter uma verdade maior que nós mesmos. Quando em nossa verdade cabem muitas verdades e muitas pessoas diferentes, então nossa verdade fica cada vez maior. Em religião, especialmente, o contrário de uma verdade pode ser outra verdade, depende apenas de quem vê essa verdade. Por isso, a verdade de um pode ser mentira para o outro simplesmente porque esse outro não consegue ver além da sua própria verdade.

Um ditado sufi diz que um velho místico estava em sua casa à noite quando chovia torrencialmente. Ao ser acordado com batidas na porta, deu abrigo a alguém que estava na rua. Sua mulher reclamou que a casa era pequena demais para abrigar outra pessoa, ao que o místico explicou que era possível sim e só dependia de seus sentimentos aceitar ou não dar abrigo. E assim a noite foi passando e chegou mais outro e outro andarilho sem rumo, pedindo-lhe abrigo. Tarde da noite, o místico ainda resolveu dar abrigo a um cachorro, a uma galinha e a um jumento. Então os homens a quem antes ele havia dado abrigo começaram a lhe dizer que não caberia mais ninguém, a casa era muito pequena. E ele respondeu que sua casa era do tamanho de seus sentimentos. E esta é a diferença de ter uma verdade grande ou uma pequena verdade; somos do tamanho de nossas verdades e nossa casa é do nosso tamanho. Você aceita a verdade do outro na sua verdade e logo descobre que ele chega contestando a verdade de terceiros. Assim são os religiosos. As religiões são grandes verdades, os seus fundadores são grandes místicos, mas os religiosos são pequenos, mesquinhos e de pequenas verdades. Não todos, claro, mas uma grande maioria.

Umbanda no Lar – Incorporação Umbandista em Casa

Os espíritas têm formação sólida com relação à obra de Kardec, são incentivados a ler, estudar e praticar o evangelho no lar, uma prática que é feita por muitos umbandistas também. O estudo de *O Evangelho Segundo o Espiritismo* é muito salutar, assim como a leitura da Bíblia, Corão, Tao Te Ching, Torá, do Bhagavad Gita, Zend-Avesta e outros livros sagrados. A obra de Kardec nos é mais próxima por tratar da relação mediúnica com os espíritos, logo, somos incentivados ao seu estudo, com o filtro do olhar umbandista.

No dia a dia das práticas de Umbanda, o mais presente é o trabalho mediúnico de incorporação. Trazer a Umbanda para o lar implica trazer também um pouco das atividades de terreiro: banho, defumação, ritual e comunicação mediúnica direta.

Quando se fala em incorporar em casa, surgem várias restrições; para muitos não se pode nem acender uma vela, porque vai atrair "obsessores". São conceitos muito presentes no Espiritismo, o qual não usa velas ou outros elementos, e pouco trabalha com a incorporação, mas esses valores não servem ao umbandista praticante.

Não estou recomendando a iniciantes que passem a incorporar em casa, claro. Mas, sim, lembrando a quem já tem o dom de incorporação desenvolvido e certa desenvoltura com a espiritualidade, que nossa religião é de mediunidade prática e trazer a Umbanda ao Lar se torna muito natural ao compreender que esses Espíritos Guias são nossa família espiritual, que nos querem bem e se esforçam a nos ajudar sempre.

Para trabalhar em casa incorporado, o que se pede é maturidade mediúnica, que implica ideal e responsabilidade, aliados a muita disciplina. O mais importante é não estar brincando de incorporar, fazer suas orações com determinação e sentir a presença de seus guias, antes da manifestação. Muitos têm medo de manifestarem obsessores, ou mistificadores (enganadores). Como diria Cristo, "não se serve a dois senhores" e "avalie a árvore pelos frutos".

Uma boa comunicação é feita sempre com respeito e intenção de fazer o bem, seja de Direita ou de Esquerda. Um guia bem incorporado limpa o ambiente, descarrega as pessoas, traz palavras de amor e esperança e, ao ir embora, todos estão se sentindo bem melhor, mais leves. Quando isso acontece, é certeza de que estamos manifestados de nossos guias e são eles que devem confirmar se existe a maturidade para continuar com a atividade mediúnica no lar.

Não há como um obsessor ou mistificador trazer paz ou palavras de amor e fé. Cada um dá o que tem e faz o que pode. Se o resultado é bom, a entidade é boa. Se houver uma incorporação desequilibrada, deve-se chamar em terra o Guardião daquele médium sob a força e proteção de Ogum, em nome de Deus, da sua lei Maior e Justiça Divina, o que coloca ordem em qualquer ambiente, quando feito com fé, amor e determinação.

A maioria dos terreiros proíbe seus médiuns de incorporar em casa, pois os dirigentes têm receio de que médiuns ainda não preparados façam besteiras, ou usem seus "guias" para fazer as próprias vontades. Alguns dirigentes não querem ter o trabalho de orientar seus médiuns em como proceder para realizar um trabalho mediúnico no lar. E outros, bem poucos, claro, preferem ter seus médiuns dependentes do trabalho do terreiro, criando um terrorismo sobre os supostos perigos de incorporar em casa.

Para um médium em desenvolvimento, o mais certo e seguro é fazer parte de um terreiro que lhe dê atenção, ou inscrever-se num bom curso de desenvolvimento mediúnico.

Com o desabrochar da mediunidade e uma maturidade em lidar com ela, esse médium pode passar a sentir a presença de seus guias em outros momentos de sua vida além do terreiro. Somos médiuns o tempo todo e não apenas dentro do templo espiritual.

Para uma atividade certa e segura no lar, o ideal é começar estipulando uma data e uma hora semanal, em que pode haver uma leitura espiritual para reflexão, podem-se fazer uma defumação e a chamada de um Mentor que venha dar uma palavra aos familiares, possivelmente lhes dando um passe espiritual e cortando energias negativas.

Isto não deve se estender muito, para que sejam encontros saudáveis. O ideal é ter hora para começar e hora para acabar, podendo variar um pouco, mas respeitando os horários da terra também.

Muitos se questionam sobre a segurança para realizar tal trabalho e têm medo de abrir um portal negativo, ou outro em sua residência e ela ficar cheia de espíritos. A grande maioria dos terreiros de Umbanda começa em casa; se a incorporação dos Guias de Umbanda dentro de casa fosse prejudicial, eles mesmos nos diriam da impossibilidade de tal trabalho mediúnico. Comece aos poucos, com leitura e manifestação de seu Caboclo ou Preto-Velho. Com o tempo, sinta a presença das outras entidades e de seus Guardiões.

O ideal é ter sempre uma vela de sete dias acesa para seu anjo da guarda, uma vela de sete dias bicolor (vermelha e preta) para toda sua Esquerda e uma vela de sete dias para seu Orixá de Frente. Aí está uma segurança simples e eficiente.

Antes da manifestação, deve-se oferecer um copo de pinga a seu Guardião junto de um charuto aceso, e ofereça um copo de sidra à sua Guardiã junto de uma cigarrilha.

Pergunte a seus guias se precisa de mais algum tipo de firmeza ou proteção, confie em suas entidades. Com maturidade e sinceridade de ideal é possível fazer um bom trabalho mediúnico no lar, trazendo harmonia, força e luz para o dia a dia da família. Lembre-se: o lar é o Templo da Família, portanto é imprescindível disciplina, silêncio e meditação. Todos que forem participar desse trabalho devem ter consciência e respeito.

No mais, recomendo a todos estudar e ler *O Guardião da Meia--Noite* (Rubens Saraceni, Madras Editora), *História da Umbanda* (Alexândre Cumino, Madras Editora) e outros títulos que ensinem Umbanda. Estude Teologia de Umbanda, Desenvolvimento e Educação Mediúnica e Sacerdócio de Umbanda. Vamos estudar e praticar Umbanda, que é uma religião linda.

Compromisso Mediúnico

    Desenvolver a mediunidade na Umbanda é algo considerado de grande responsabilidade. O médium que vai se desenvolver irá lidar com vidas humanas, muitas vezes, em momentos de dor e perdas; outros, em conflitos existenciais e questionamentos de valores.
    Esse médium, para exercer minimamente bem sua atividade mediúnica diante da responsabilidade assumida, deve ter ao menos comprometimento com o compromisso assumido ou que pretenda assumir.
    Se a tarefa mediúnica não é prioridade em sua vida, então podemos concluir que dificilmente realizará um bom trabalho para si e para os outros, pois não basta ter o fenômeno de incorporação e deixar que um espírito faça tudo e assuma todas as responsabilidades, como se esse trabalho não dependesse também de uma parceria entre o médium e seus guias, que necessitam dele para trabalhar e vice-versa.
    Sem comprometimento o trabalho espiritual fica para segundo plano: vela de anjo da guarda, banhos, firmezas, orações e verdades ficam para trás. Quando se dá conta, já não consegue mais ter a frequência desejada no compromisso assumido.
    Quando chega a este ponto, de dar desculpas a si mesmo e aos outros por suas faltas, temos um sinal de alerta. Talvez esse médium deva voltar à assistência durante um período para pensar melhor se quer apenas poder vir de vez em quando ao terreiro ou assumir um compromisso consigo mesmo e com a espiritualidade.

Se pretende frequentar esporadicamente o Templo de Umbanda, basta estar na consulência e dar passagem a seus Guias quando houver esta liberdade ou mesmo recebê-los em sua casa para que seus mentores lhe deem uma orientação pessoal no caminho a seguir e como lidar com a situação.

Precisamos ouvir nossos guias antes de esperar que os outros os ouçam.

Somos médiuns para oferecer o dom a quem necessita; para recebermos e buscarmos algo, nossa posição é de consulente. Aquele que mais pretende oferecer que receber é médium; aquele que pretende mais receber que oferecer é consulente. Mas há de convir que o médium é o primeiro a receber os benefícios do convívio com as entidades espirituais, pois tudo de bom passa por ele enquanto as cargas negativas, emoções e dores se descarregam sem permanecer nele mesmo.

A oportunidade de aprendizado ouvindo as dores alheias é única e pode transformar sua vida.

Assim como uma palavra certa pode salvar vidas, uma palavra errada pode destrui-las, e aí está a grande responsabilidade mediúnica.

Melhor uma entidade "muda" a outra que no seu afã "de ajudar" possa falar "demais" ou "além da conta", sem entrar no mérito de "bobagens" ditas acerca da vida, dos costumes ou valores de quem se encontra na dor ou numa encruzilhada da vida.

Comprometimento mediúnico é comprometimento com a vida, o descomprometimento mediúnico denota descomprometimento com a vida, um autoenganar-se, autossabotagem ou simplesmente um sinal de que, talvez, pode ser que o seu caminho seja em outro lugar, o que pode ser na mesma religião ou em outra. E ninguém pode saber esta resposta a não ser você mesmo, com a força do seu coração e do seu ser junto ao "eu superior" e Deus.

Escrevi estas linhas para meus irmãos, filhos, do terreiro/templo-escola Pena Branca, mas creio que embora esteja carregado de alguns conceitos locais (restritos a esse Templo), ofereço a todos uma reflexão sobre o compromisso e o comprometimento mediúnico.

Incorporação e Desdobramento Astral

Durante o desenvolvimento, é comum o médium de incorporação ser trabalhado ou desenvolvido à noite, enquanto seu corpo dorme. Em espírito, o médium pode participar de palestras no astral e até trabalhar com seus guias espirituais para ir se acostumando com suas energias e conhecer melhor sua mediunidade.

É comum a pessoa que tem mediunidade de incorporação sonhar que está incorporada. Muitas vezes, o médium nunca incorporou ou nem sabe que tem o dom da incorporação, mas sonha que está incorporado. Isto por si só já é um sintoma da mediunidade de incorporação, pois o dom é do espírito e não do corpo. Muitos médiuns de incorporação incorporam espíritos no astral para realizar tarefas em realidades distintas. É comum nossos guias espirituais incorporarem no nosso corpo espiritual para realizarem trabalhos em faixas vibratórias mais densas, pelo simples fato de que o nosso corpo espiritual (perispírito, duplo etérico ou psicossoma) é de uma natureza mais densa que dos nossos guias e se torna visível em locais onde eles passam despercebidos. Outras vezes, nossos guias incorporam em nosso duplo etérico apenas para nos levar em missões de trabalho e aprendizado, no qual devemos aprender as lições de forma passiva, sem interferir no que está sendo realizado. Pergunte a outros médiuns de incorporação se já sonharam que estavam incorporados e você verá o quanto este fenômeno é comum. Quando dormimos, nosso corpo espiritual se desprende do corpo material, num fenômeno chamado desdobramento ou viagem astral. E é neste estado que vamos, em companhia de nossos guias, fazer estágios de aprendizado mediúnico no astral. Quando acordamos, temos a sensação de que sonhamos, no entanto as lembranças são de situações reais e factuais, diferentemente dos sonhos malucos, em que tudo se transforma e perde o sentido.

Incorporação na Umbanda: Novas Experiências, Energias, Vibrações e Arquétipos

Incorporar na Umbanda não é apenas receber um espírito ou estabelecer uma comunicação mediúnica. Incorporar na Umbanda é um ato mágico e místico, no qual por alguns momentos nos tornamos aquela entidade manifestada, unimo-nos de forma inexplicável a essa entidade incorporada. Vemos o que essa entidade vê e sentimos o que ela está sentindo, ao mesmo tempo que observamos como essa entidade sente, pensa, fala e se movimenta. Esse guia está em nós e de alguma forma também estamos nele, estamos passivamente incorporados na sua presença, que é ativa e atuante durante a manifestação mediúnica. Nesse momento deixamos de ser quem somos para nos "tornarmos", metafórica e misticamente falando, o Caboclo, o Preto--Velho, a Criança, Exu, Pombagira, etc.

Incorporar na Umbanda é viver uma experiência única e mágica na qual você tem a oportunidade de ver o mundo com os olhos de uma Pombagira, Caboclo, Preto-Velho, Exu, Criança, Cigano, Baiano, Boiadeiro, Marinheiro, etc. E assim vamos incorporando em nossas vidas os valores que essas entidades nos transmitem durante o transe mediúnico de incorporação.

Ao incorporarmos um Caboclo, temos a oportunidade de ver o mundo com os olhos do Caboclo; naquele momento você e o Caboclo se tornam um, o que propicia um aprendizado que vem de dentro para fora, é uma experiência mística. Vamos aprendendo a ver a realidade que nos cerca por meio da visão e da interpretação do Caboclo, Preto-Velho, Exu, Pombagira, Criança, Baiano, Boiadeiro, Marinheiro, Cigano e outros Mestres do astral que se manifestam caracterizados por arquétipos e linhas de trabalho na Umbanda. Desta forma, cada vez que incorporamos o Caboclo vamos aprendendo a pensar como o Caboclo, vamos sendo envolvidos por sua energia, por sua força e seus mistérios. De certo modo, vamos nos "empoderando" da magia, poder e mistério que cercam esta entidade. Se é um Caboclo de Ogum, Xangô, Oxum, Oxóssi, Oxalá, ele vai nos transmitindo sua força e por meio de nós alcança os consulentes diretos e indiretos, tanto os que estão presentes fisicamente sendo atendidos quanto aqueles que estão ausentes ou desencarnados.

Antes de a energia, a vibração e a força de um Caboclo alcançarem alguém, primeiro elas passam por nós. Podemos dizer que somos os primeiros beneficiários das entidades que se manifestam incorporadas em nós. Vamos nos "encaboclando", nos tornando um pouco do que é o Caboclo, o Preto-Velho, a Criança... isso propicia algo único dentro da Umbanda.

É muito comum o médium de incorporação atuante relatar que os consulentes, as pessoas atendidas por seus guias, tinham problemas similares ou maiores que os seus e, para todos, as entidades de Umbanda têm uma palavra de amor, força e sabedoria. Todos esses problemas parecem ter uma solução, muitas vezes os guias espirituais perecem entrar na mente das pessoas e, de alguma forma, compreendê-las com uma profundidade maior que a maioria dos outros indivíduos. Esta relação entre os guias espirituais de Umbanda e os consulentes nos dá uma visão e abertura mental muito grande, na qual passamos a ter um olhar muito mais amplo para a vida. A primeira coisa que sentimos é que nossos problemas parecem muito menores e mais simples de se resolver.

No entanto, não é tão fácil lidar com esta experiência, a maior parte dos médiuns tem a consciência do que está acontecendo com eles, e isso traz muitos conflitos durante e depois do desenvolvimento mediúnico. Como estamos em transe a consciência nunca é total, mas, no momento da incorporação, temos a sensação de que vemos tudo, daí afirmar-se médium consciente. É como estar dormindo e sonhar, enquanto sonha você vê tudo, sente tudo que está acontecendo e, quando acorda, já não tem tanta certeza do que aconteceu com você enquanto dormia.

Pode haver muita curiosidade e ansiedade desse médium para saber o nome de seus guias, existem curiosidades de saber como são esses guias, de onde eles vieram e quem são de fato. Algumas curiosidades são saudáveis e naturais, outras podem ser desnecessárias e frívolas. Saber o nome de seu guia é importante para estabelecer uma ligação com aquela hierarquia de espíritos que usam de um mesmo nome e para se identificar com essa entidade. Este nome pode lhe ser revelado em sonho ou quando estiver incorporado; o nome começa a vir dentro de sua cabeça, aqui a entidade espiritual incorporada, mesmo antes de conseguir falar, pode estar passando seu nome para seu médium mentalmente. Em alguns templos de Umbanda, o guia-chefe da casa revela os nomes das entidades que o médium vai trabalhar incorporado.

Pode acontecer que sinta mais facilidade em incorporar um guia ou outro, o que se dá por conta da afinidade ou vibração da entidade. No início do desenvolvimento é comum o médium conseguir incorporar apenas Exu e Pombagira, o que se explica pelo fato de que as entidades de Esquerda têm uma vibração muito mais próxima à nossa, uma vibração densa e energia bem ligada à Terra. Pode acontecer de o médium só se sentir bem incorporado com o Caboclo ou a Criança. Tudo isso deve ser trabalhado e lapidado com muita calma e paciência, sem pressa e sem expectativas. É tudo muito normal e natural.

Incorporação: Transe Mediúnico, Estado Xamânico, Êxtase Religioso e Experiência Mística

O transe mediúnico, a incorporação, como temos dito, é muito mais que apenas um tipo de mediunidade entre as tantas classificadas por Allan Kardec. A incorporação na Umbanda é muito mais que uma psicofonia ou um acoplamento áurico. A incorporação na Umbanda é também uma experiência mística e um estado xamânico de consciência. O transe mediúnico na Umbanda, este estado alterado de consciência, implica um conjunto de experiências religiosas e espirituais tão vasto e diverso que não pode ser classificado com tanta simplicidade. Rotular esta experiência é como encaixotar algo que não cabe em nenhum recipiente, algumas partes ficam de fora e acabam sendo "mutiladas" no momento em que se dá mais valor à caixa, ao rótulo, que ao seu conteúdo. Costumo dizer que a Umbanda é como a água que pode ser colocada em diversos tipos de copos diferentes, pode-se colocar a água nas mãos em concha, mas se você fechar a mão, essa água lhe escapa por entre os dedos.[12] Se a Umbanda é como a água, a mediunidade de incorporação é a própria fluidez dessa água, é como um rio: você nunca passa pelo mesmo lugar, pela mesma água, cada experiência é única e diferente. Não podemos capturar essa água, não podemos capturar um pedaço desse rio, apenas podemos viver esse fenômeno, sabendo que uma experiência não é igual a outra.

É possível sim olhar um grupo de pessoas, num Templo de Umbanda, e dizer: "todos estão incorporados", todos estão vivendo o mesmo fenômeno mediúnico classificado como incorporação, e cada um sente este mesmo fenômeno de uma forma diferente, cada um está vivenciando um universo distinto e infinito em si mesmo. Talvez a única coisa em comum e que mais aproxima uns dos outros são suas inseguranças, conflitos e dificuldades bem próximos e semelhantes.

Por isso, também, a incorporação é um mistério fascinante e ao mesmo tempo é algo que não pode ser totalmente descrito. Cada médium é um cosmos universal de possibilidades, de vida, de experiências e expectativas; tudo é muito significativo no momento do transe.

Além de duas pessoas diferentes incorporadas da mesma entidade, "Caboclo", viverem experiências distintas, ainda temos, na Umbanda, o fato de que cada entidade, "Caboclo" por exemplo, trabalha uma energia diversa. Um Caboclo de Ogum tem energia diferente de um Caboclo de Xangô, e não é só isso: mesmo dois caboclos "pena branca", que teoricamente são iguais, não têm a mesma energia pelo fato de que são espíritos distintos trabalhando o mesmo mistério "pena branca", com nuances de diferença entre eles. Incorporar uma criança, um Caboclo, um Preto-Velho ou Exu traz experiências diversas. Incorporar um Orixá dentro do contexto umbandista é diferente de incorporar um Orixá em outro contexto ou outra religião e traz, também, uma diversidade de experiências nas quais cada Orixá revela um arquétipo diferente. Cada Orixá possui força, energia, vibração e mistérios desiguais, criando experiências tão diversas quanto a incorporação de espíritos; os Orixás que incorporam são chamados de "orixá pessoal do médium" e cada um traz um campo de atuação diverso e único. Dois Oguns incorporados

---
12. Ouvi esta definição da Profa. Dra. Patrícia Ricardo de Souza no curso superior de Ciências da Religião (Uniclar).

em dois médiuns distintos se manifestam de forma diversa, um pode ser "Ogum Marinho" e outro "Ogum Matinata", e, no entanto, mesmo que fossem dois "Oguns Beira-Mar", um pode ser "Beira-Mar das Pedreiras" e outro "Beira-Mar das Cachoeiras", nada é igual na manifestação mediúnica, mas pode ser parecido principalmente para o leigo que observa de fora esta realidade.

Da mesma forma que todas as entidades que se manifestam por meio da mediunidade mexem com o íntimo de seu médium, todos sem exceção têm de lidar com questões internas emocionais, racionais, psicológicas, e todos atuam e interferem nessa realidade mais subjetiva do ser. Por meio do transe é possível alcançar os estados de consciência mais profundos no ser e, no caso da incorporação de Orixá, fica mais evidente esta relação. O Orixá atua diretamente pelos diferentes estados de consciência em que coloca seu médium, atua de forma direta pelo padrão de energia que consegue estabelecer. O Orixá vai fundo no inconsciente e na realidade introvertida do ser. O Orixá incorporado se manifesta de maneira silenciosa: apenas por meio de sua dança, gestos e movimentos ritualísticos, e assim ele vai mais fundo no médium trazendo algo que está abaixo de toda a sua estrutura racional, consciente e cultural. O Orixá vai fundo no ser em busca dos mistérios afins com ele e que serão manifestados, trazidos à tona na vida desse médium e exteriorizados para os demais presentes no ritual.

Os espíritos também atuam nesta realidade mais profunda, principalmente pelos arquétipos que influenciam nas verdades, paradigmas, padrões e condicionamentos estabelecidos ao longo dos anos. Atuam no passado, presente e futuro desse médium. A Criança, o Caboclo (adulto) e o Preto-Velho atuam em três tempos biologicamente diferentes na vida do ser. A Criança lida com as dificuldades e frustrações de sua Criança Interior e das demais adquiridas em sua infância, entre outras coisas mais, o Caboclo vai lidar com a força, determinação e enfrentamento necessários para que o jovem se torne um adulto passando pela criação de uma identidade e a conquista de seu espaço no mundo. Quanto ao velho, é ele quem traz a maturidade e a sabedoria daquele que quer aprender com a vida e se tornar uma pessoa melhor e não apenas envelhecer com o passar dos anos.

Tudo isso é apenas uma ponta, uma pequena parte da vastidão de experiências que podem ser vividas durante o fenômeno definido como incorporação mediúnica na Umbanda. E é por isso, também, que afirmo ser este fenômeno muito mais do que algo rotulado e tão simplesmente classificável. O transe mediúnico assim como o extado xamânico, o êxtase religioso ou a experiência mística são quase inexplicáveis do ponto de vista interno. Nesta realidade interna, neste mundo e universo introvertido do ser, muito do que se vive não encontra em palavras significados que possam exprimir sentimentos, sensações e experiências profundas que estão além da linguagem. Há algo que não faz parte do universo racional ou mesmo do que pode ser conhecido, capturado pelo conhecimento; há algo que não está no mundo das ideias, extremamente poético como o amor, inexplicável e transformador. É como visitar uma cachoeira: você pode descrever o que é e como é, você pode mostrar a fotografia de uma cachoeira, você pode tentar descrever o que você sentiu ao mergulhar nela, mas o outro nunca saberá o que você sentiu de fato, ele nunca sentirá na pele o que você vivenciou, os seus sentimentos profundos. O outro pode apenas visitar a mesma cachoeira e mesmo assim não terá uma experiência igual, porque ele é outra pessoa mergulhada em outra água que flui no mesmo lugar. Isto é a experiência mística, ou seja, uma experiência única com o sagrado, que não pode ser explicada; uma experiência desta equivale a uma iniciação no mistério que se manifesta e é desse tipo de relação com os mistérios sagrados que nasceu a frase: "Quem não sabe fala, quem sabe se cala". Aqui o que vale não é o segredo oculto, mas o mistério inexplicável muito maior que um segredo, chave ou código racional de interpretação de algum mistério. A mediunidade e os estados alterados de consciência nos permitem conhecer os mistérios pelo lado interno de cada um deles, ao passo que as práticas mágicas e simbólicas permitem conhecê-los pelo lado externo, por meio da razão, dos símbolos, das funções, do verbo e da fala.

 O que não pode ser descrito não faz parte do mundo verbal, da fala, do que pode ser conhecido e capturado, apenas pode ser vivenciado. E aqui está o drama dos estados alterados de consciência, porque o médium é uma pessoa racional que faz parte deste mundo racional e que quer racionalizar todas as suas experiências. O médium como pessoa comum quer transformar sua experiência em ciência, em algo conhecido e palpável, e isto se dá durante o fenômeno, no exato momento em que esse médium entra em crise na sua parcela de consciência consciente, questionando: "O que está acontecendo aqui?" E por se tratar de algo inexplicável ele começa a pensar que não deve ter nada acontecendo, deve ser ele mesmo forjando algo como um louco em devaneio com sua loucura. E por isso as experiências místicas e religiosas são, sempre, consideradas loucura divina e sagrada. O médium terá de se acostumar com isso e terá de crescer como ser humano, aceitando que há coisas que podem ser capturadas por sua "rede" neural consciente e outras que sua "rede" não captura, mas que estão aqui sendo vividas pela consciência mais profunda que a superficial "rede" neural, tão apegada, condicionada, educada, domesticada, adestrada e limitada ao que dogmatizou e cristalizou como "verdade".

Wittgenstein, o filósofo, afirmava: "Os limites da minha linguagem denotam os limites do meu mundo". Declarava também que havia coisas que podem ser ditas e outras que não podem e que estas são as coisas mais importantes em nossas vidas.

Rubem Alves[13] compara a ciência com uma rede que é jogada ao mar do desconhecido para capturar criaturas fantásticas antes habitadas apenas no imaginário. Afirma que os homens criam suas redes e as sociedades de "pescadores" com sua linguagem específica e universo de realidade em torno do que a rede pode revelar, de tal forma que só acreditam existir o que suas redes são capazes de capturar. Assim é a ciência e os homens da ciência, segundo Rubem Alves. Podemos crer que são assim todos os homens que creem apenas no que a sua linguagem pode capturar por meio de sua limitada "rede" neural.

A incorporação, o transe mediúnico, a experiência mística e o estado xamânico estão, muitas vezes, além dessa ciência formada por nossas "redes" neurais, linguísticas e científicas. O estado alterado de consciência nos leva para águas mais profundas, onde a tal "rede" não alcança.

Nietzsche costumava dizer, falar e filosofar sobre a realidade do mundo apolíneo e dionisíaco, em que esta forma de viver totalmente racional faz parte do mundo de Apolo, deus da beleza, filosofia, luz e razão. Mas existe outro mundo, o mundo de Dionísio, deus da não razão, da embriaguez, da escuridão e, com certeza, dos estados alterados de consciência. Na sociedade moderna em que tudo deveria

---

13. ALVES, Rubem. *Entre a Ciência e a Sapiência*. São Paulo: Loyola, 2010. p. 82.

ser científico à luz de uma cultura alicerçada na base maniqueísta cristã, tudo que antes era de Deus ou do Diabo agora possui uma nova classificação: tudo é ciência (científico capturado pela "rede") ou é ignorância (não científico e não capturado pela "rede"). O que faz criar muitos inconvenientes, como o problema de a rede a cada dia capturar mais coisas, crendo que no futuro tudo poderá ser capturado por novas redes. Outro problema é o absolutismo como verdade do que pode ser capturado, em oposição ao conceito de falso, do que não pode ser capturado por suas redes de conhecimento, ciência e linguagem. O alerta de Nietzsche é que com esta estrutura apolínea estamos perdendo a oportunidade de viver outras realidades, dionisíacas, como fato e verdade de experiência positiva em nossas vidas. Ou seja, o nosso mundo, o mundo individual de cada um de nós, é do tamanho de nossas convicções. Decretamos e dogmatizamos como realidade o que pode ser capturado e perdemos a oportunidade de viver e nadar em águas mais profundas do que não pode ser capturado, mas pode ser experiência de forma transformadora em nossas vidas. Por isso o médium de incorporação, na maioria das vezes, tem um longo caminho a percorrer, precisa vencer seus velhos paradigmas e vencer os paradigmas do inconsciente coletivo de sua sociedade atual, e neste caso, quanto mais racional, mais apegado ao que pode ser explicado, mais difícil é se abrir e se entregar ao desconhecido, inexplicável e ao mesmo tempo fantástico, único e encantador fenômeno do transe mediúnico.

Incorporação: o Xamã é Médium! E o Médium, é Xamã?

Todo xamã é um médium ativo, mas nem todo médium ativo é um xamã. Todo xamã é médium, mas não é necessariamente um médium de incorporação. Agora um médium de incorporação pode ser um xamã, mas nem todo médium de incorporação é um xamã. Nem todo médium de incorporação se sente como um xamã, e a grande maioria não é vista ou considerada como tal justamente por não fazer parte de uma cultura primitiva ou aborígine. Principalmente o médium espírita, que segue a doutrina codificada por Allan Kardec, quer distância de qualquer conceito primitivo ou rótulo que o associe com práticas "arcaicas" ou "superstições". No entanto, é fato que médium e xamã prestam o mesmo serviço a si mesmo e ao próximo por meio do mesmo fenômeno em contextos, época e culturas diferentes. Embora exista o neoxamanismo, estamos focando aqui o Xamanismo primeiro e desprovido de elaboração ou estrutura filosófica intelectualizada ou cientificista.

O médium é um ser totalmente urbano fazendo o mesmo que faziam os xamãs, por intermédio de técnicas e métodos do seu contexto social que incluem a polidez, as preocupações e as máscaras sociais que o xamã não possuía nem precisava se preocupar. O médium é um xamã moderno que na maioria das vezes despreza o xamã primitivo por medo de ser comparado com seu ancestral. Fazem a mesma coisa por técnicas diferentes. O médium, principalmente o espírita, costuma olhar com desdém muitos conceitos e recursos xamânicos primitivos, rotulados de elementos de superstição, desnecessários ou inadequados aos tempos modernos. No entanto, o xamã baseia suas técnicas exclusivamente nos resultados de suas experiências, independentemente das explicações racionais ou científicas. O médium fundamenta suas práticas em doutrinas e conhecimentos adquiridos em livros, junto de experiências vividas dentro de contextos doutrinários ou filosóficos específicos. O médium da atualidade costuma limitar suas experiências ao que ele consegue explicar e entender, o médium domestica o fenômeno do transe em sua vida para que ele se comporte dentro dos parâmetros aceitos pelas normas de um ritual ou da etiqueta de costumes. É comum nesta sociedade a necessidade de provar intelectualmente a verdade do fato mediúnico e desta forma despi-lo de tudo o que esse médium não consegue explicar, perdendo assim os recursos considerados mágicos e atrasados, simplesmente por se tratar de elementos "arcaicos" de sugestão ou "muletas" para o fenômeno. E assim o médium moderno, fundamentado geralmente nas palavras e ciência de Allan Kardec, priva-se de ótimos e excelentes recursos que poderiam ser utilizados como ferramentas de trabalho mediúnico, simplesmente por não conhecerem seus fundamentos. A Magia é uma ciência que explica e trata de uma física subjetiva, portanto é normalmente considerada superstição para a grande maioria dos céticos. E infelizmente, para eles, algumas das experiências de êxtase espiritual, transe e transcendência são algo que primeiro deve se crer para ver, e não o contrário. Primeiro você sente e depois tenta entender se for possível, da mesma forma se verifica a eficácia dos elementos, recursos, paramentos, apetrechos, adereços, ferramentas e indumentária xamânicas como o tambor, a maraca, o fumo, a bebida e outros.

A indumentária xamânica constitui em si mesma uma hierofania e uma cosmografia religiosa: revela não apenas uma presença sagrada, mas também símbolos cósmicos e itinerários metafísicos. Examinada com atenção, a indumentária revela o sistema do Xamanismo com a mesma transparência que os mitos e as técnicas xamânicas.[14]

Mesmo quando não existe indumentária, há um gorro, um cinturão, um tamborim e outros objetos mágicos que fazem parte do guarda-roupa sagrado do xamã. Assim, por exemplo, Radlov garante que os tártaros negros, os schores e os teleutas não possuem indumentária xamânica; contudo, utilizam frequentemente um pano amarrado em torno da cabeça, sem o qual não existe a menor possibilidade de atuarem como xamã.

A indumentária representa, em si mesma, um microcosmo religioso qualitativamente diferente do espaço profano circundante. De um lado, constitui um sistema simbólico quase completo e, de outro, está impregnado pela consagração de forças espirituais múltiplas e, principalmente, de "espíritos". Pelo simples fato de vesti-la – ou de manipular objetos que a substituem –, o xamã transcende o espaço profano e prepara-se para entrar em contato com o mundo espiritual.[15]

E não por coincidência vemos muitos desses elementos na religião de Umbanda, o que por si só explica a presença de tanta gente simples da religião e tantos que, mesmo possuindo cultura e conhecimento, muitas vezes deixam tudo de lado para sentir e verificar a eficácia dos recursos materiais e elementais utilizados pelas entidades umbandísticas. O Xamanismo é de fato uma escola de transe puro, natural e primitivo; quanto à Umbanda é uma escola de transe e ritual inserida em um contexto doutrinário, teológico, litúrgico, religioso e sincrético, no qual está focada a vida do homem moderno em sociedade e suas dificuldades internas e

---
14. ELIADE, Mircea. *Op. cit.*, p. 169.
15. *Idem, ibidem*, p. 171.

externas para viver e dar sentido à vida num contexto de época tão desprovido de valores e verdade. A Umbanda é a busca de um povo por sua verdade perdida! Verdade que se perdeu na bruma dos tempos, durante milênios de estruturação das sociedades organizadas por mentes gananciosas e egocêntricas, como as que verificamos ontem, hoje e amanhã no poder. Por isso este mundo é uma escola, se fosse o céu não estaríamos aqui e nada haveria de aprender, pois somos todos nós e cada um de nós parte desta malha. Somos todos responsáveis e coautores desta realidade, e a grande verdade em tudo isso é que a maioria ainda não acordou para este fato, a maior parte das pessoas está presa no ego, na imagem que construiu para si e na qual não tem nada a ver com a situação do mundo atual, tudo é "culpa" e responsabilidade alheia. A Umbanda pretende nos acordar, conversamos com os "mortos" e não nos damos conta de que somos nós os mortos e eles (os espíritos) os vivos. Talvez por isso Jesus afirmou: "deixe que os mortos enterrem seus mortos". O xamã é sempre a figura de uma homem inteiro, vivo, acordado e desperto. Quanto ao médium, por mais que o fenômeno em si da incorporação possa ser um fenômeno xamânico, na maioria das vezes ele passa e vive essa experiência e não muda nada em sua vida. É realmente incrível um médium entrar em estado alterado de consciência, entrar em transe, compartilhar momentos com um espírito desperto, compartilhar verdades quase absolutas e logo depois, ao desincorporar, voltar a seu estado normal de sonolência, de latência. O médium sai do templo e volta para sua vida profana como se nada tivesse acontecido, encara a experiência do transe como se fosse algo igual a ir a uma igreja, sentar e ouvir conceitos doutrinários que entram por um ouvido e saem pelo outro. Talvez esta seja a grande diferença entre o xamã primitivo e o médium moderno ou mesmo no xamã urbano. O xamã primitivo era sempre visto como a imagem de um homem desperto, aquele que vivia ao mesmo tempo em duas realidades, mas que estava sempre inteiro em cada uma delas. O xamã é o oráculo, a ponte, a interface, a porta, o portal, o olho aberto para o cosmos multidimensional. O xamã não conhece limites ou limitações racionais, intelectuais, dogmáticas, teológicas ou doutrinárias. Portanto, esperamos que o médium de Umbanda consiga despertar tal qual um xamã, vencer todas as suas barreiras e limitações conscienciais, racionais e crenças condicionadas. Esperamos que sua doutrina e teologia não sejam nunca fundamentadas em dogmas, mitos ou tabus, que, pelo contrário, sua doutrina e teologia de Umbanda Sagrada possam conduzi-lo a vencer seus limites. Que sua doutrina e teologia ajudem a entender sua experiência sem limites, e que não seja um limitador para elas.

Incorporação: qual o Objetivo da Umbanda?

O primeiro objetivo da Umbanda em nossas vidas é nos ajudar. O objetivo último da Umbanda em nossas vidas é não precisar mais da Umbanda para nossas vidas. No meio do caminho, a Umbanda traz uma proposta de autoconhecimento na qual o ideal é nos fazer acordar deste estado de sonolência em que vivemos, nos fazer menos autômatos e mais conscientes de quem somos nós. Embora muitos ainda busquem a religião exatamente no sentido em que Marx a definiria, como o ópio do povo, principalmente quando estamos inebriados por uma sociedade doente, ainda assim a Umbanda tenta nos libertar de nós mesmos, nos libertar de nossos vícios, condicionamentos e do nosso ego.

A mente sempre engana. Quando começamos a frequentar algum grupo espiritualista, religioso ou mesmo esotérico, logo passamos a crer que somos melhores que os outros simples mortais, um truque do ego que nos aprisiona em sentimentos de inferioridade sufocados pela arrogância na pretensão de sermos melhores que os outros. Toda a sociedade está voltada para isto: competitividade, disputa e poder num mundo consumista.

Lembro-me de ter lido uma história de um reino no qual uma bruxa havia envenenado a água do poço principal para que todos ficassem loucos. Tempos depois, apenas o rei e a rainha não estavam loucos, pois possuíam um poço particular. Logo todo o povoado, em sua loucura, decidiu matar o rei e a rainha, pois consideravam que os dois estavam loucos. A solução foi o rei e a rainha beberem da água do poço envenenado, para, ao se tornarem loucos, serem considerados sãos por seu povo. É isso que acontece quando todos estão loucos, vivendo uma mesma loucura, isso lhes parece normal, parece que é a sanidade, então quando aparece alguém realmente são, este é declarado louco. Por esse motivo, os grandes místicos são considerados loucos de Deus; por esta razão, a mediunidade durante muito tempo foi considerada insanidade.

A Umbanda nos aponta para esta loucura maravilhosa, que é ver a vida com outros olhos, nos fazer despertar, acordar. No entanto, o ego nos faz acordar de um sonho dentro de outro sonho, despertar de uma ilusão para dentro de outra ilusão, fazendo-nos crer superiores. Vemos muitos espiritualistas ligados à ideia do desapego, muitos desejando não ter mais desejos e outros viciados em se mostrar virtuosos. A Umbanda diz: aprenda tudo isso, separe vícios de virtudes, procure a luz, seja bom, seja virtuoso, tenha desapego, vença os desejos e, por fim, lhe diz: esqueça tudo isso também, pare de julgar os outros, apenas aprenda a ser você mesmo.

Não existe céu, nem inferno, nem pecado, tudo está dentro de nós, apenas se liberte do que o oprime e seja feliz, quem é feliz não agride. Quer que sua vida mude? Então, mude-se primeiro. Como esperar que a vida seja o que nós queremos, se não conseguimos ser quem somos realmente? Precisamos antes nos despir de todas as máscaras sociais e mentiras que criamos para nos proteger de nossos medos, descobrir onde está a nossa sombra e o que fazer com ela.

Costumamos dizer que quem não vem pelo amor, vem pela dor, e assim boa parte dos que chegam à Umbanda vem sedenta de algo que acredita faltar em sua vida. Chegam como pedintes de tudo o que se pode imaginar: carro, casa, dinheiro, poder, sexo, amor, saúde, paz, etc. Mas a Umbanda vai nos mostrando um caminho que propõe uma mudança de olhar para nossas vidas. No princípio, por meio de limpeza astral, corte de demandas, descargas, muitos passam a compreender parte desta magia divina que nos alivia de fardos pesados oriundos de terceiros. Com um refinamento de sensibilidade, vamos compreendendo que também temos nossa parcela de responsabilidade nas relações conflituosas e criadoras de tantas demandas em nossas vidas. Por meio da mediunidade ou da apuração de uma sensibilidade, vamos sendo aguçados no caminho do conhecimento acerca das energias e forças que movem toda essa realidade. Muitos não passam da primeira fase e se tornam eternos pedintes, mendigando nas portas dos terreiros, fazendo de muleta as manifestações espirituais, tendo-as por oráculos infalíveis e desejando-os a sua disposição. A estes, que não passam da primeira fase, torna-se muito tentadora a ideia de comprar a mediunidade alheia, de possuir as respostas para as perguntas ainda não feitas e poder prevenir-se do inevitável.

A Umbanda é como o pai e a mãe ideal, que conscientes desta missão não criam os filhos para si, sabem que os filhos não são sua propriedade e, desta forma, os criam para o mundo. Nas palavras de Kalil Gibram, "a Umbanda é o arco que nos impulsiona tal qual flechas no sentido e na direção que apontam nossos corações".

Os que passam da primeira fase descobrem que a Umbanda não é balcão de milagres, que nossos guias não são oráculos. Descobrem que temos uma família espiritual para nos acompanhar, dar força e orientar. É possível constatar que temos mestres pessoais, guias para a vida, e que a busca maior está voltada para os tesouros internos que cada um carrega, e não para as posses materiais ou posições efêmeras que este mundo pode nos oferecer. Esses mestres, mentores e guias farão de tudo para que cada um de nós comece a aprender com a vida, tirando lições de cada situação que a vida nos coloca.

No momento em que tudo passa a ser lição, tiramos o peso do julgamento e começamos a nos tornar mais conscientes. Quando nos damos conta de que o melhor que há na vida é percebê-la em si e aprender com ela, então cada momento passa a ser precioso, e o maior prazer e dedicação é nos tornamos cada vez mais conscientes de quem somos nós, e este é o objetivo maior da Umbanda para nossas vidas.

Você Tem um "Rótulo" Religioso?

Enquanto houver umbandistas que se declaram católicos ou espíritas, este assunto sobre identidade umbandista, pertença religiosa e rótulo religioso será tema para mim e para muitos outros que escolheram pensar sobre a Umbanda que temos e a que queremos. Ou melhor ainda: a Umbanda que somos!

Assumir a identidade de uma religião que não traduz a sua verdade, uma religião que você não pratica, uma religião que você desconhece seus dogmas e fundamentos, é ter apenas um rótulo religioso. Sim, você não tem nem vive uma religião, apenas tem um rótulo religioso.

Este é o seu caso? Então ACORDE! e pergunte para si mesmo se a sua religião é apenas um rótulo. Para visitar uma igreja, ir a um casamento em uma igreja, rezar para Jesus ou aos santos, não é necessário ter um rótulo de católico. Agora você carrega esse rótulo porque crê que é algo bonito? Você tem um rótulo para se identificar com a maioria e não se sentir contrariando ninguém? Você tem esse rótulo para não ter que discutir religião com ninguém? Então, sinta-se bem-vindo e tome consciência de que, de forma inconsciente, você é manipulado e faz parte de uma massa que não sabe nem se interessa em saber de onde veio e para onde vai.

Isto é tão forte que, para muitos, a única maneira de trocar sua identidade e pertença religiosa é passando por uma desrotulação, ou seja, por mais que frequentem outra religião, só assumem esta identidade depois de serem rebatizados. Esta é uma das razões de ser do ritual de batismo na Umbanda, afinal, não cremos em pecado, muito menos em pecado original.

O batismo ajuda a desrotular e, para muitos, é um modo de assumir um novo rótulo, ou identidade, agora, umbandista. Pelo fato de a Umbanda ser uma religião de minoria, assumir esta identidade, na maioria das vezes, é um gesto consciente e de consciência, por ser a Umbanda uma cultura de contracultura. Ou seja, uma forma de viver mais livre e solta com relação aos valores moralistas e hipócritas de um mundo antigo, os quais muitas religiões tentam manter em nome da tradição ou da família. A Umbanda reconhece a importância da tradição com relação aos rituais em meio a um mundo pós-moderno, ou seja, guardar o que é bom e reciclar o que não nos serve mais. Quanto à família, é um fato que as famílias estão mudando sua forma de ser e de se relacionar. Não cremos que a família é uma instituição falida como dizem os mais radicais; no entanto, existem novas estruturas de famílias, novas formas de conviver e de criar laços afetivos e consanguíneos, e a Umbanda nos ajuda a entender estas novas realidades e nos dá apoio para trilhar dentro da verdade acima de tudo.

O valor da tradição, ou da família, não pode ser mais forte que a sua verdade. Viver na mentira ou na hipocrisia não faz parte de uma vida vivida com valores saudáveis, nem para si muito menos para os seus. Como diria Krishnamurti: "Estar de acordo com uma sociedade doentia não é sinal de uma vida saudável". Por anunciar a vida em liberdade de consciência e verdade, a Umbanda pode ser considerada uma cultura de contracultura nacional e pós-moderna que vive e existe sem alarde. Afinal, é muito mais fácil viver sem se dar ao trabalho de pensar, apenas seguindo a massa e assumindo os valores que lhe parecem unanimidade. Por mais que se diga que "toda a unanimidade é burra", continua sendo uma tendência segui-la.

Desrotule-se, mas não faça isso apenas para assumir um novo rótulo. Não faça da Umbanda seu novo rótulo religioso. Veja que a Umbanda é um novo olhar para a vida e perceba nela uma forma de transformar sua vida e seu destino, uma oportunidade de tornar-se consciente de si e de sua espiritualidade. Caminhar com verdade e consciência: isto sim deve ser sinônimo de ter uma religião como a Umbanda a dar sentido para sua vida. Portanto, Umbanda não é mais um rótulo, etiqueta ou crachá para pendurar no peito ou no pescoço. Umbanda é seu despertar para o sagrado, Umbanda é consciência total e integral, Umbanda é acordar para a vida, Umbanda é um olhar para o mundo objetivo e subjetivo ao mesmo tempo, Umbanda é algo que você é e não algo que você carrega.

Desrotule-se, religião não é rótulo!

Desrotule-se, religião é consciência!

Desrotule-se, religião é teoria, prática e vida!

Bibliografia

ALVES, Rubem. *Entre a Ciência e a Sapiência*. São Paulo: Loyola, 2010.
BACH, Richard. *Ilusões: as Aventuras de um Messias Indeciso*. 18. ed. Rio de Janeiro: Record, 1993.
BASTIDE, Roger. *O Sagrado Selvagem*. São Paulo: Companhia das Letras, 1997.
BLASCHKE, Jorge. *Além de Osho*. São Paulo: Madras Editora, 2010.
CASTAÑEDA, Carlos. *Erva do Diabo*. Rio de Janeiro: Best Seller, 2013.
ELIADE, Mircea. *O Xamanismo e as Técnicas Arcaicas do Êxtase*. São Paulo: Martins, 1998.
RICHARDS, Keith. *Vida*. São Paulo: Globo, 2010.
XAVIER, Chico. *Mandato de Amor*. Belo Horizonte: União Espírita Mineira, 1995.
_____. *Nos Domínios da Mediunidade*. Brasília: Federação Espírita Brasileira, 1995.